THE PARISIAN ADVENTURES OF KIMBERLY

Les aventures parisiennes de Kimberly

A Franco-American Love Story

Intermediate Level French Reader
(French Edition)

CW01497071

VÉRONIQUE F. COURTOIS

The Véronique F. Courtois
Intermediate French Reader Series

———— ⚬ℯℴ⌒ ————

THE PARISIAN ADVENTURES OF KIMBERLY
Les aventures parisiennes de Kimberly

A French Reader / Intermediate Level (B1, B2, C1)

By Véronique F. Courtois, MA, MS
The Sorbonne-Nouvelle, Paris III, France
Boston University, Massachusetts
Former Instructor, Tufts University, Massachusetts
The French Library in Boston, Massachusetts
The Beverly Hills Lingual Institute, Beverly Hills, California,
The French Alliance of Los Angeles, California

Published by:
Véronique F. Courtois
© 2017 © 2019 Revised Edition by Véronique F. Courtois

trademarks is not authorized, associated with, or sponsored by the trademark owners.

ISBN 9780998080437

FOREWORD BY
THE AUTHOR

You did it! You've just purchased a book in French!

You've always loved everything French. You studied it in school. Maybe you've even travelled to France. You even promised yourself that you would speak French fluently by age thirty. And then… life happened, and French fell through the cracks (unless you happen to have married a native speaker of French, and/or live in a Francophone country). Let's face it: keeping up with a foreign language can be quite a challenge.

But what if there were an entertaining — and even a bit titillating — book in French that you could understand and enjoy at the intermediate level? Well, wait no more! This novel tells the story of a young and single American attorney, whose adventures will take you on a wild and romantic ride through Paris.

This story has been made easier to understand by dividing each of the chapters into three parts. Key vocabulary has been highlighted, and the corresponding translations can be found in the box located right beneath each section. This will provide you, the reader, with immediate support, and will help to ensure a great learning experience. Everyday vocabulary, colloquialisms, and idioms have been included and highlighted with a "*", and slang with a "**".

So, sit back and relax! and bon voyage!

I wholeheartedly welcome your comments and suggestions at theparisianadventuresofkim@gmail.com

ACKNOWLEDGMENTS

My eternal gratitude to my wonderfully supportive and loving parents, Andrée and Henri Courtois.

I am forever indebted to my amazing and very talented Creative Writing Partner and Proofreader Extraordinaire, Alia, who brought her creativity, her rigorous attention to detail, and her unconditional dedication to this project.

My sincere thanks to my friends and colleagues, Valérie Bachelin Guichaoua, Violaine de Landes de Saint-Palais et Corinne Sitbon-Slosburg.

* * *

CHAPTER LIST/
LISTE DES CHAPITRES

CHAPITRE 1 1
CHAPITRE 2 4
CHAPITRE 3 7
CHAPITRE 4 10
CHAPITRE 5 13
CHAPITRE 6 16
CHAPITRE 7 19
CHAPITRE 8 22
CHAPITRE 9 25
CHAPITRE 10 28
CHAPITRE 11 31
CHAPITRE 12 34
CHAPITRE 13 37
CHAPITRE 14 40
CHAPITRE 15 43
CHAPITRE 16 46
CHAPITRE 17 49
CHAPITRE 18 52
CHAPITRE 19 55
CHAPITRE 20 58
CHAPITRE 21 61
CHAPITRE 22 64
CHAPITRE 23 67

CHAPITRE 24 70
CHAPITRE 25 73
CHAPITRE 26 76
CHAPITRE 27 79
CHAPITRE 28 82
CHAPITRE 29 85
CHAPITRE 30 88
CHAPITRE 31 91
CHAPITRE 32 94
CHAPITRE 33 97
CHAPITRE 34 100
CHAPITRE 35 103
CHAPITRE 36 106
CHAPITRE 37 109
CHAPITRE 38 112
CHAPITRE 39 115
CHAPITRE 40 118
CHAPITRE 41 121
CHAPITRE 42 124
CHAPITRE 43 127
CHAPITRE 44 130
CHAPITRE 45 133
CHAPITRE 46 136
CHAPITRE 47 139
CHAPITRE 48 142
CHAPITRE 49 145
CHAPITRE 50 148
CHAPITRE 51 151
CHAPITRE 52 154

CHAPITRE 1

1/ Il est cinq heures de l'après-midi et le soleil brille encore au-dessus des palmiers de Beverly Hills. Trois jeunes femmes, Gina, Susan et Victoria, entrent dans un bâtiment. Elles portent chacune une grande boîte. Elles saluent la réceptionniste qui **jongle**[1] avec dix **coups de téléphone**[2] **à la fois**[3].

HÔTESSE D'ACCUEIL : Oui, bonjour Madame, **cabinet d'avocats**[4] ALLGREEN, BRONSTEIN & GONZALEZ... Oui, bien sûr, **je vous le passe**[5] tout de suite. **Ne quittez pas**[6], s'il vous plaît... Allo, oui...

Elles **font signe à**[7] leurs collègues dans les bureaux **environnants**[8] de les rejoindre dans le couloir. Il y a maintenant un petit groupe rassemblé devant une porte **sur laquelle**[9] est écrit le nom KIMBERLY SWANSON sur une plaque **dorée**[10].

1/ jongle : juggles
2/ (m) coups de téléphone : phone calls
3/ à la fois : at the same time
4/ (m) cabinet d'avocats : law firm
5/ je vous le passe : I'll transfer you
6/ Ne quittez pas, s'il vous plaît : Please hold the line
7/ font signe à : wave at
8/ environnants : surrounding
9/ sur laquelle : upon which
10/ dorée : golden

2/ Les trois jeunes femmes se regardent **en souriant**[1] et **frappent à la porte**[2]. Elles attendent la réponse de Kimberly avec impatience.

KIMBERLY : Oui, entrez... mais je suis très occupée...

Kimberly est en train de taper à l'**ordinateur**[3]. Elle est si concentrée sur son travail qu'elle ne regarde pas qui entre dans son bureau. Ses collègues ouvrent la porte **sans faire de bruit**[4]. **Soudain**[5] elles se mettent à chanter : ♫ Joyeux Anniversaire ! ♫ Joyeux Anniversaire ♫

Kimberly **sursaute**[6]. Les jeunes femmes posent les trois gâteaux aux **framboises**[7] qu'elles ont achetés sur le bureau de Kimberly. Il y a dix bougies allumées sur chaque gâteau.

KIMBERLY : Quelle surprise ! Je suis vraiment très touchée. J'avais presque oublié mon anniversaire mais **vous y avez pensé**[8]. Vous êtes formidables.

GINA : Mais tu es une collègue que nous apprécions, alors **ça nous fait plaisir**[9]. En plus, on adore les fêtes de bureau.

Kimberly **se détend**[10] et ferme son ordinateur.

1/ *en souriant : smiling*
2/ *frappent à la porte : knock at the door*
3/ *(m) ordinateur : computer*
4/ *sans faire de bruit : without making any noise*
5/ *soudain : suddenly*
6/ *sursaute : jumps*
7/ *(f) framboises : raspberries*
8/ *vous y avez pensé : you thought of it*
9/ *ça nous fait plaisir : it makes us happy*
10/ *se détend : relaxes*

3/ Kimberly souffle les bougies au milieu des applaudissements. Gina découpe les gâteaux **pendant que**[1] l'on distribue des fourchettes et des assiettes biodégradables. Deux secrétaires **sortent**[2] des bouteilles de champagne de plusieurs **sacs réfrigérants**[3] et les posent sur le bureau. L'atmosphère est joyeuse et décontractée.

VICTORIA : Ah ! **Il faut**[4] toujours du champagne pour une fête.

GINA : Surtout pour accompagner un délicieux gâteau.

SUSAN : Oui, **tu as raison**[5]. C'est **meilleur**[6] et plus festif.

MADAME ALLGREN : Bonjour Kimberly. Bon anniversaire.

Madame Allgreen, **l'associée principale**[7] du plus grand cabinet d'avocats de Los Angeles **vient d'entrer**[8] dans le bureau. C'est elle qui a eu la bonne idée d'**engager**[9] Kimberly, la plus jeune avocate **depuis**[10] la création de ce cabinet.

1/ pendant que : while
2/ sortent : take out
3/ (m) sacs réfrigérants : coolers
4/ Il faut : it's necessary
5/ tu as raison : you're right
6/ meilleur : better
7/ (f) associée principale : senior partner
8/ vient d'entrer : has just entered
9/ engager : to hire
10/ depuis : since

CHAPITRE 2

1/ Ce cabinet d'avocats est connu dans le monde entier. Deux nouveaux bureaux viennent d'ouvrir à Madrid et à Ottawa. Il y a deux ans, plus de cinq cents candidats voulaient travailler dans ce cabinet prestigieux. Pendant l'**entretien d'embauche**[1], madame Allgreen, une éminente avocate, avait **tout de suite**[2] détecté les connaissances exceptionnelles de Kimberly, ainsi que sa motivation **hors norme**[3]. Elle avait décidé de l'engager **sur-le-champ**[4]. C'était sa première offre d'emploi.

MADAME ALLGREEN : Il y a déjà une très bonne ambiance ici. Kimberly, voici votre cadeau. Nous avons fait notre **enquête**[5], et nous espérons que vous **aimerez**[6] ce que nous avons choisi pour vous. Vous savez, vos collègues ont influencé notre **choix**[7]. **En tout cas**[8], **vous avez bien mérité**[9] ce cadeau.

Satisfaite, Madame Allgreen accepte **volontiers**[10] une coupe de champagne.

1/ (m) entretien d'embauche : job interview
2/ tout de suite : right away
3/ hors norme : out of the ordinary
4/ sur-le-champ : on the spot
5/ (f) enquête : investigation
6/ aimerez : will like
7/ (m) choix : choice
8/ en tous cas : in any case
9/ vous avez bien mérité : you really deserve
10/ volontiers : with pleasure

2/ Madame Allgreen **remet**[1] cérémonieusement une enveloppe à Kimberly qui la prend doucement. Tout le monde **se tait**[2] et anticipe la réaction de Kimberly.

KIMBERLY : C'est pour moi ? Qu'est-ce que c'est ? **Franchement[3], je suis étonnée[4] que vous vous soyez tous souvenus de[5]** mon anniversaire. C'est vraiment très gentil. Kimberly ouvre l'enveloppe. Elle est impatiente de **découvrir[6]** ce qu'elle contient. Tous ses collègues **la regardent** attentivement[7].

SUSAN : Alors ? C'est quoi ? Tu ne peux pas **nous faire attendre[8]** comme ça. Nous sommes tous très curieux.

Kimberly **se lève[9]** et regarde ses collègues avec enthousiasme. Elle est très **émue[10]**. Elle adore ses collègues.

GINA : Alors, tu nous dis ce que c'est, oui ou non ?

1/ remet : presents
2/ se tait : stops talking
3/ franchement : frankly
4/ étonnée : astonished
5/ que vous vous soyez tous souvenus de : that all remembered
6/ découvrir : to discover
7/ la regardent attentivement : are watching her attentively
8/ nous faire attendre : to make us wait
9/ se lève : stands up
10/ émue : moved

3/ Gina et tous les autres se regardent **inquiets[1]**. Et si elle n'aimait pas son cadeau ? Le bureau de Kimberly est tout à coup silencieux. Quel suspense !

KIMBERLY : C'est un billet d'avion pour Paris !

SUSAN : Ça te plaît ? C'est sûr ?

KIMBERLY : Mais oui ! **Ça fait des années que je voulais y aller[2]**. Je suis **trop contente[3]**** ! Quelle surprise !

Madame Allgreen **s'approche de[4]** Susan, Gina et Victoria.

MADAME ALLGREEN : **Bien joué[5]***. **Vous avez vu juste[6]***.

VICTORIA : Oui, **on se doutait bien que[7]** cela lui ferait plaisir.

GINA : Un jour, je lui ai raconté que **j'avais suivi des cours de français[8]** à la Sorbonne, et elle m'a dit qu'elle aurait adoré avoir

5

cette chance-là. Ce voyage est vraiment le cadeau idéal. D'autres employés **se joignent**[9] à la fête et le champagne **coule à flots**[*10].

1/ *inquiets : worried*
2/ *ça fait des années que je voulais y aller : I've been wanting to go there for years*
3/ *trop contente* : super happy*
4/ *s'approche de : walks up to*
5/ *bien joué* : well done*
6/ *vous avez vu juste* : you were right on*
7/ *on se doutait bien que : we had a feeling that*
8/ *j'avais suivi des cours de français : I had taken French courses*
9/ *se joignent : join*
10/ *coule à flots* : flows freely*

CHAPITRE 3

1/ Madame Allgreen **assiste**[1] à la scène en souriant pendant que **plusieurs personnes**[2] prennent des photos et les postent **aussitôt**[3] sur le site internet du cabinet. Kimberly est **tellement**[4] heureuse qu'elle **en a les larmes aux yeux**[5]*. Certains de ses collègues décident qu'ils rechercheront des endroits qu'elle pourra visiter à Paris. Ils lui prépareront une liste qu'ils lui enverront avant son départ.

KIMBERLY : Merci, mais qu'est-ce que j'ai fait pour **mériter**[6] un tel cadeau ? C'est une belle surprise.

MADAME ALLGREEN : C'est pour vous **remercier**[7] de votre travail. Vous êtes déjà une brillante avocate et modeste pour votre âge. Vous savez, **grâce à vous**[8], nous avons gagné des **procès**[9] très importants. C'est excellent pour la réputation de notre cabinet. Vous aurez **d'ailleurs**[10] un plus grand bureau quand vous reviendrez.

1/ assiste : is watching
2/ plusieurs personnes : several people
3/ aussitôt : right away
4/ tellement : so
5/ en a les larmes aux yeux* : gets teary-eyed
6/ mériter : to deserve
7/ remercier : to thank
8/ grâce à vous : thanks to you
9/ (m) procès : trials
10/ d'ailleurs : by the way

2/ KIMBERLY : Alors là, **je ne m'y attendais pas du tout**[1] !
Un **vol**[2] en première classe, sept jours dans une suite d'un palace

près du Louvre, une voiture de luxe privée avec chauffeur. Et le plus fantastique, dix mille dollars pour faire du shopping.

GINA : Nous, on n'a **aucun problème**[3] à accepter ce cadeau. C'est une occasion exceptionnelle. Si tu ne veux pas y aller, **nous sommes prêtes**[4], **n'est-ce pas, les filles**[5] ?

LES JEUNES FEMMES : Oui ! Oui ! Oui !

Tout le monde **s'amuse**[6] beaucoup. Kimberly **est aux anges**[7*]. Elle regarde tous ses collègues **qui l'entourent**[8]. Elle savoure ce moment de joie. Elle a travaillé dur pour arriver à ce résultat et **elle est récompensée**[9] de tous ses efforts. Ses parents **peuvent être fiers d'elle**[10].

1/ je ne m'y attendais pas du tout : I wasn't expecting this at all
2/ (m) vol : flight
3/ aucun problème : no problem
4/ nous sommes prêtes : we're ready
5/ n'est-ce pas, les filles ? : right, girls?
6/ s'amuse : has fun
7/ est aux anges : is on cloud nine*
8/ qui l'entourent : around her
9/ elle est récompensée : she has been rewarded
10/ peuvent être fiers d'elle : can be proud of her

3/ C'était son **ancien professeur de droit**[1] à l'Université de UCLA qui **l'avait recommandée**[2] pour ce poste. Beaucoup d'autres candidats **avaient posé leur candidature**[3], et la sélection avait été rude. Mais Kimberly, qui était une excellente étudiante, avait obtenu des **bourses d'études**[4] parce que ses parents **n'avaient pas les moyens**[5] de financer son éducation. Elle avait travaillé pendant toutes ses années d'université ; d'abord comme serveuse dans un restaurant, ensuite, comme vendeuse dans une boutique à Beverly Hills. Elle avait toujours voulu être avocate. Quand elle était petite, elle **collectionnait**[6] les photos de ses actrices qui jouaient des rôles d'avocates

8

débrouillardes[7] dans des séries télévisées. Dans ses rêves, c'était elle qui trouvait la solution d'un **coup de baguette magique**[8], et qui **arrivait à convaincre**[9] les membres du jury que sa cliente n'était pas **coupable**[10].

1/ (m) ancien professeur de droit : former law professor
2/ l'avait recommandée : had recommended her
3/ avaient posé leur candidature : had applied
4/ (f) bourses d'études : scholarships
5/ n'avaient pas les moyens : couldn't afford
6/ collectionnait : collected
7/ débrouillardes : resourceful
8/ (m) coup de baguette magique : wave of a magic wand
9/ arrivait à convaincre : managed to convince
10/ coupable : guilty

CHAPITRE 4

1/ Parfois elle **repense**[1] à toutes les heures qu'elle passait à la bibliothèque pendant que ses amis **profitaient**[2] de leurs weekends. Elle regrettait parfois de ne pas les accompagner, mais elle savait que le temps qu'elle passait à étudier l'aiderait dans sa vie professionnelle. Et voilà, elle allait enfin avoir l'occasion de parler français à Paris !

KIMBERLY : Eh bien, je suis **ravie**[3]. Merci encore pour ce cadeau **inattendu**[4]. C'est vraiment une belle surprise.

MADAME ALLGREEN : Nous vous apprécions beaucoup ici. Allez, **dépêchez-vous**[5] et **rentrez chez vous**[6] pour **faire vos valises**[7]. Vous êtes déjà en vacances, vous savez.

Kimberly marche vers sa voiture qui est garée au parking. Quelques instants plus tard, elle est assise dans sa voiture au milieu des **embouteillages**[8] de l'**autoroute**[9] qui **traverse**[10] Los Angeles. Elle habite à Santa Monica près de la plage parce qu'elle adore s'y promener le soir.

1/ repense : thinks back
2/ profitaient : were enjoying
3/ ravie : delighted
4/ inattendu : unexpected
5/ dépêchez-vous : hurry up
6/ rentrez chez vous : go back home
7/ faire vos valises : to pack your bags
8/ (m) embouteillages : traffic jams
9/ (f) autoroute : highway
10/ traverse : crosses

2/ Kimberly fait le même trajet **tous les jours**[1] pour aller à son travail. Ses amis qui habitent sur la côte Est des États-Unis **ont du mal à**[2] comprendre qu'elle **supporte de**[3] passer **autant de temps**[4] à conduire. Mais Kimberly **en a l'habitude**[5]. **Cela fait partie de la vie**[6]* de tous les habitants de Los Angeles. Elle utilise souvent ces moments de solitude pour faire des projets et réfléchir à sa vie. Mais aujourd'hui, elle ne pense qu'à une seule chose : son voyage à Paris. C'est la ville qu'elle trouve la plus romantique de la planète. **Elle n'arrête pas de répéter**[7] la phrase suivante : « Je vais à Paris ! Moi, petite Californienne ! À Paris ! ». Elle est **comblée de bonheur**[8] et **n'y croit toujours pas**[9]. Elle a l'impression de vivre un vrai **conte de fée**[10].

1/ tous les jours : every day
2/ ont du mal à : have a hard time
3/ supporte de : can stand
4/ autant de temps : so much time
5/ en a l'habitude : is used to it
6/ Cela fait partie de la vie* : It's a part of life
7/ elle n'arrête pas de répéter : she keeps on repeating
8/ comblée de bonheur : filled with happiness
9/ n'y croit toujours pas : still can't believe it
10/ (m) conte de fée : fairy tale

3/ Son rêve de parler français un jour à Paris va enfin **se concrétiser**[1]. **Toutes ces années à apprendre le français**[2] vont finalement lui être **très utiles**[3]. Elle se souvient du professeur avec lequel elle avait suivi des cours à l'université. C'était une jeune femme drôle et brillante qui savait intéresser ses étudiantes, même à huit heures trente du matin. Quelques minutes plus tard, Kimberly **se gare**[4] devant son immeuble. Elle sort une valise **toute neuve**[5] du **coffre**[6]. Elle ne voulait pas emporter sa vieille valise parce qu'un voyage en première classe justifiait l'**achat**[7] d'un bagage approprié. Kimberly boit un café très fort pour se donner du courage. Une fois dans sa chambre, elle sort ses vêtements des **placards**[8] et les **jette**[9] sur son lit.

Ensuite, c'est au tour de ses paires de chaussures qu'elle essaie les unes après les autres. Elle sait que les Françaises sont élégantes et elle veut **être à la mode**[10]. Elle aimerait profiter au maximum de son premier voyage à Paris.

1/ se concrétiser : to become a reality
2/ toutes ces années à apprendre le français : all these years of learning French
3/ très utiles : very useful 4/ se gare : parks (her car)
5/ toute neuve : brand new
6/ (m) coffre : trunk
7/ (m) achat : purchase
8/ (m) placards (m) : closets
9/ jette : throws
10/ être à la mode : to be fashionable

CHAPITRE 5

1/ Kimberly enfile une paire de chaussures et se regarde dans la glace. Mais après plusieurs minutes, **elles ne lui plaisent plus**[1]. KIMBERLY : Ah non ! Je ne peux pas mettre ces chaussures. Elles sont vraiment trop **moches**[2]* pour Paris. Je ne veux pas **avoir l'air ringarde**[3]. Elle décide de les laisser chez elle. Elle ira **faire les magasins**[4] dans les petites boutiques chics de la rive gauche. Elle **profitera**[5] du bonus qu'on **lui a donné**[6] pour se refaire une **garde-robe**[7] complète. Elle a déjà choisi les vêtements qu'elle veut s'offrir. Mais pour l'instant, elle doit absolument terminer sa valise. **Subitement**[8] **son portable vibre**[9]. C'est sa meilleure amie, Julie, qui l'appelle. Quelle coïncidence ! Elles **avaient projeté**[10] de voyager en Europe pendant l'été. Son amie va être très surprise, mais aussi certainement un peu triste parce que Kimberly va aller à Paris sans elle.

1/ elles ne lui plaisent plus : she doesn't like them anymore
2/ moches : ugly*
3/ avoir l'air ringarde : to look like a loser
4/ faire les magasins : to go shopping
5/ profitera : will take advantage of
6/ on lui a donné : she was given
7/ (f) garde-robe : wardrobe
8/ subitement : suddenly
9/ son portable vibre : her cell phone vibrates
10/ avaient projeté : had planned

2/ JULIE : Salut Kim, c'est moi. Ça va ?
KIMBERLY : Oui très bien ! Et toi ?

JULIE : Très bien aussi. J'espère que tu vas **bientôt**[1] arriver.

KIMBERLY : Mon dieu, notre dîner ! **Ça m'est complètement sorti de la tête**[2]* ! Excuse-moi.

JULIE : **Tu rigoles**[3]** ? Je t'invite et tu m'oublies ? Allez, **remue-toi**[4]. Il n'y a pas beaucoup de **circulation**[5] ce soir. On va commander mes plats favoris parce que **j'ai une faim de loup**[6]* !

KIMBERLY : Prépare-toi parce que j'ai une super nouvelle à t'annoncer. Tu ne vas jamais me croire.

JULIE : Ah bon ? **Tu es amoureuse**[7]* ? Non, tu es **enceinte**[8] ?

KIMBERLY : Mais non, arrête de dire des **bêtises**[9]. Je pars en France demain… à Paris.

Kimberly **raccroche**[10]. Son portable vibre encore une fois. Le nom de Julie apparaît à nouveau sur l'écran. Kimberly sourit.

1/ bientôt : soon
2/ ça m'est complètement sorti de la tête* : it totally escaped me
3/ Tu rigoles** ? : Are you kidding?
4/ remue-toi : get moving
5/ (f) circulation : traffic
6/ j'ai une faim de loup* ! : I'm starving!
7/ Tu es amoureuse* ? : Are you in love?
8/ enceinte : pregnant
9/ (f) bêtises : nonsense
10/ raccroche : hangs up (the phone)

3/ Kimberly regarde l'écran qui s'allume encore plusieurs fois. Elle décide de ne pas **décrocher**[1]. Elle sait que Julie est curieuse de connaître tous les détails de ce voyage imprévu. Mais elle préfère lui expliquer au restaurant. Kimberly va dans la salle de bains, prend une douche rapide, s'habille, et se maquille : un peu d'**ombre à paupières**[2], du mascara et du **rouge à lèvres**[3]. Elle **attrape**[4] son sac et ses clés, et **verrouille**[5] la porte de son appartement. Elle trouve une **place de parking**[6] près de l'entrée du restaurant. C'est un restaurant végétarien que les deux amies adorent et qui **se trouve**[7] à West Hollywood.

Elles aiment beaucoup ce **quartier**[8]. Kimberly entre dans le restaurant et voit son amie assise à une table. JULIE : Ah finalement ! J'ai déjà commandé les **entrées**[9]. Kimberly s'assoit en face de Julie et pose son sac sur la chaise à côté d'elle. Elle ouvre le menu pour choisir le **plat principal**[10] qu'elle va commander.

1/ décrocher : to pick up (the phone)
2/ (f) ombre à paupières : eye shadow
3/ (m) rouge à lèvres : lipstick 4/ attrape : grabs
5/ verrouille : locks
6/ (f) place de parking : parking spot
7/ se trouve : is located 8/ (m) quartier : neighborhood
9/ (f) entrées : appetizers
10/ (m) plat principal : main dish

CHAPITRE 6

1/ KIMBERLY : Dis-moi, **qu'est-ce que tu as pris**[1] ?
JULIE : Des **champignons farcis**[2] et une quiche **aux épinards**[3].
KIMBERLY : C'est un bon choix.
JULIE : Oui, merci. Alors raconte, **qu'est-ce que tu me caches**[4] ?
KIMBERLY : Mais je ne te cache rien. **Qu'est-ce que tu vas chercher**[5]* ? Mais j'ai eu une belle surprise aujourd'hui.
Le serveur s'approche de leur table.
LE SERVEUR : Alors mesdames, qu'est-ce que je vous apporte à boire ? Un apéritif ? Une bouteille de vin ?
KIMBERLY : Pour commencer, de l'**eau pétillante**[6] avec du citron. **Tu es d'accord**[7], Julie ? Ensuite **on avisera**[8].
Julie **acquiesce**[9] tout en consultant la **carte des vins**[10].
LE SERVEUR : Très bien. Je vous apporte ça tout de suite.

1/ qu'est-ce que tu as pris ? : what did you order?
2/ (m) champignons farçis : stuffed mushrooms
3/ (m) aux épinards : with spinach
4/ qu'est-ce que tu me caches ? : what are you hiding from me?
5/ Qu'est-ce que tu vas chercher ? : What are you talking about?*
6/ (f) eau pétillante : sparkling water
7/ Tu es d'accord ? : Do you agree?
8/ on avisera : we'll think it over
9/ acquiesce : nods
10/ (f) carte des vins : wine list

2/ JULIE : Alors, **vas-y**[1] ! **Dis-moi tout**[2]. Qu'est-ce qui t'arrive ?
KIMBERLY : Mon bureau m'offre un voyage à Paris pour mon anniversaire. C'est fantastique !
JULIE : Tu as de la chance mais c'est une belle **récompense**[3]

16

pour tout le travail que tu fais. **Tu restes**[4] toujours tard le soir et souvent le week-end. **Tu t'y attendais un peu**[5], non ?
KIMBERLY : Mais non, **pas du tout**[6]. Tu sais, je suis **la dernière engagée**[7]. Je suis arrivée dans ce cabinet il y a seulement six mois. Mais j'aime beaucoup y travailler.
JULIE : Eh bien, c'est eux **qui ont eu du pot**[8]** de te trouver parce que tu fais du **bon boulot**[9]** ! Mais quand même, **tu as vraiment du bol**[10]**.
Cinq minutes plus tard, le serveur revient avec leurs boissons.
SERVEUR : Je vous apporte le reste dans un instant.

1/ vas-y! : go ahead!
2/ Dis-moi tout. : Tell me everything.
3/ (f) récompense : reward
4/ tu restes : you stay
5/ tu t'y attendais un peu : you expected it a little
6/ pas du tout : not at all
7/ la dernière engagée : the last person hired
*8/ qui ont eu du pot** : who were lucky*
*9/ (m) bon boulot** : good work*
*10/ tu as vraiment du bol** : you're really lucky*

3/ LE SERVEUR : Me revoilà ! Voici vos entrées, mesdames, mais **attention**[1], les assiettes sont **brûlantes**[2]. Ne les touchez pas. Bon appétit ! Appelez-moi si vous avez besoin de quelque chose.
Kimberly et Julie **se partagent les plats**[3] et mangent avec plaisir.
KIMBERLY : Ah, c'est excellent ! J'aime bien ce restaurant.
JULIE : Tu sais, si **tu as la trouille**[4]** de partir toute seule, souviens-toi de ta meilleure **copine**[5]. Je suis **disponible**[6].
KIMBERLY : Mais **tu blagues**[7], non ? Tu viens de commencer un nouveau travail ? Tu ne peux pas partir comme ça.
JULIE : **Aucun souci**[8]. Je pourrais leur dire que j'ai une vieille tante malade en France et qu'elle **a besoin de moi**[9].
Les deux amies sont très complices parce qu'elles se connaissent depuis la **maternelle**[10]. Elles ont grandi dans le même quartier.

1/ attention : be careful
2/ brûlantes : burning hot
3/ se partagent les plats : share the food
*4/ tu as la trouille** : you're afraid*
5/ (f) copine : friend
6/ disponible : available
7/ tu blagues : you're kidding
8/ (m) aucun souci : no problem
9/ a besoin de moi : needs me
10/ (f) maternelle : pre-school

CHAPITRE 7

1/ KIMBERLY : Tu es ma meilleure amie, mais **cette fois-ci**[1], je veux découvrir Paris toute seule et revenir **avec des souvenirs pleins la tête**[2]*. **J'y retournerai avec toi**[3] l'année prochaine, je te le promets. Je t'emmènerai dans tous les endroits fascinants de cette belle capitale.

LE SERVEUR : Et voilà, Mesdames. Des lasagnes **aux aubergines**[4] et une salade de **betteraves**[5] avec du quinoa.

JULIE : Merci. C'est vraiment **appétissant**[6].

LE SERVEUR : Vous voulez **autre chose**[7] à boire ?

JULIE : Kim, tu veux un verre de vin pour **trinquer**[8] ?

KIMBERLY : Oui, **j'en veux bien un**[9]. Du rosé, s'il vous plaît.

JULIE : Mais non, attends, un voyage à Paris, **ça s'arrose !**[10]*. Apportez-nous deux coupes de champagne, s'il vous plaît !

LE SERVEUR : Parfait. Je vous apporte ça dans un instant.

1/ cette fois-ci : this time
2/ avec des souvenirs pleins la tête* : with a head full of memories
3/ j'y retournerai avec toi : I'll go back with you
4/ (f) aux aubergines : with eggplant
5/ (f) betteraves : beets
6/ appétissant : appetizing
7/ autre chose : something else
8/ trinquer : to toast
9/ j'en veux bien un : I'd like one
10/ ça s'arrose* : this deserves a toast

2/ JULIE : J'adore le champagne ! Si je pouvais, j'en aurais toujours une bouteille pour faire la fête avec mes amis.
Maintenant parlons de ton voyage

Une fois à Paris, il faut **que tu fasses du shopping**[1] dans les **grands magasins**[2] comme les Galeries Lafayette, le Bon Marché ou le Printemps. Il est essentiel **que tu ailles**[3] dans les boutiques des **grands couturiers**[4]. Elles sont vraiment magnifiques.

KIMBERLY : Oui, mais tu me connais. Je veux aussi m'asseoir à une terrasse de café pour regarder les **passants**[5], et **flâner**[6] dans les rues comme les vrais Parisiens.

JULIE : Tu as raison. C'est la meilleure manière de **ramener**[7] un mari français. **C'est la mode en ce moment**[8] chez les actrices à Hollywood. Elles adorent les Français.

Une fois rentrée chez elle, Kimberly **ne peut pas s'empêcher de**[9] rêver aux aventures **qui l'attendent**[10].

1/ que tu fasses du shopping : that you go shopping
2/ (m) grands magasins : department stores
3/ que tu ailles : that you go
4/ (m) grands couturiers : fashion designers
5/ (m) passants : passers-by
6/ flâner : to stroll
7/ ramener : to bring back
8/ c'est la mode en ce moment : it's in fashion right now
9/ ne peut pas s'empêcher de : can't help but
10/ qui l'attendent : which await her

3/ C'est le départ. Kimberly attend, un peu nerveuse, devant son immeuble. Julie **vient de lui envoyer**[1] un **SMS**[2]. Elle lui **souhaite**[3] de faire un bon voyage et espère qu'elle lui écrira souvent pour lui raconter tous les détails de ses aventures parisiennes. Kimberly lui promet qu'elle lui racontera toutes ses **péripéties**[4] pendant son séjour à Paris. Kimberly regarde sa montre. Une limousine **devrait**[5] apparaître d'une minute à l'autre. Quelques instants plus tard, la belle voiture **s'arrête**[6] devant elle. Le chauffeur, habillé d'un uniforme noir, descend et la salue. Il prend la valise et le **bagage à main**[7] de Kimberly et les met dans le coffre. Ensuite, il lui ouvre la **portière**[8] en lui faisant un grand sourire. Kimberly **monte**[9] dans la voiture spacieuse. Elle se dit que son voyage commence très bien.

LE CHAUFFEUR : Madame, si vous désirez boire quelque chose, il y a un petit **frigo**[10]* avec des jus de fruits, de l'eau pétillante, des sodas, de la vodka et du whisky.

1/ vient de lui envoyer : just sent her
2/ (m) SMS : text message
3/ souhaite : wishes
4/ (f) péripéties : escapades
5/ devrait : should
6/ s'arrête : comes to a stop
7/ (m) bagage à main : carry-on bag
8/ (f) portière : car door
9/ monte : gets in
10/ (m) frigo : fridge*

CHAPITRE 8

1/ KIMBERLY : Je vous remercie, mais il est **encore trop tôt**[1] pour un cocktail. Mais **un bon café me ferait vraiment plaisir**[2]. LE CHAUFFEUR : Bien sûr, madame. Il y a tout ce qu'il faut ici. Il monte à son tour dans la limousine, et ouvre plusieurs compartiments qui **dévoilent**[3] une machine à expresso italienne, des pâtisseries, et des fruits. Une fois installée, Kimberly **appuie**[4] sur la sélection « cappuccino ». Elle **se laisse tenter**[5] par des biscuits au **gingembre**[6], des **fraises**[7] et des **myrtilles**[8]. LE CHAUFFEUR : Bon appétit, Madame. **Notre sélection vous convient-elle**[9] ? KIMBERLY : Ah oui, tout à fait. Merci beaucoup. Elle sort ensuite son portable et des **écouteurs**[10] qu'elle se met dans les oreilles.

1/ encore trop tôt : still too early
2/ un bon café me ferait vraiment plaisir : I could really go for a good cup of coffee
3/ dévoilent : reveal
4/ appuie : pushes
5/ se laisse tenter : lets herself be tempted
6/ (m) gingembre : ginger
7/ (f) fraises : strawberries
8/ (f) myrtilles : blueberries
9/ Notre sélection vous convient -elle ? : Is our selection satisfactory?
10/ (m) écouteurs : earbuds

2/ Kimberly **fredonne les paroles de la chanson**[1] qu'elle écoute. Elle se souvient de toutes ses copines qui lui disaient qu'apprendre le français **ne lui servirait à rien**[2]. Certains professeurs lui avaient aussi expliqué que pour trouver du travail, surtout en Californie, elle devait plutôt étudier l'espagnol. Mais Kimberly **avait tenu bon**[3*]. Elle avait même suivi des cours de français pendant ses études de droit. Elle allait enfin pouvoir tester ses connaissances. Mais pour l'instant, Kimberly regarde les **panneaux publicitaires**[4], les nombreux centres commerciaux, ainsi que les palmiers qui **bordent**[5] l'autoroute qui la **mène**[6] à l'aéroport. Elle ne sait pas si ce **paysage**[7] familier **va lui manquer**[8]. Quelques minutes **plus tard**[9], elle **entend**[10] la voix du chauffeur.

LE CHAUFFEUR : Madame, nous sommes arrivés.

1/ fredonne les paroles de la chanson : hums the song
2/ ne lui servirait à rien : wouldn't be of any use to her
3/ avait tenu bon* : had stuck to her guns
4/ (m) panneaux publicitaires : billboards
5/ bordent : line
6/ mène : leads
7/ (m) paysage : scenery
8/ [il] va lui manquer : she is going to miss [it]
9/ plus tard : later
10/ entend : hears

3/ Kimberly attrape son sac ct sa veste et sort par la portière que lui tient le jeune homme. Il va chercher un **chariot à bagages**[1] pour y poser la valise et le bagage à main. Elle le remercie et lui donne un **pourboire**[2] très généreux. Il lui sourit **en lui souhaitant**[3] bon voyage. Elle **se rend au**[4] **comptoir**[5] de sa **compagnie aérienne**[6] et avance avec hésitation vers la **file**[7] des premières classes. Un **agent d'escale**[8] **s'approche d'elle**[9].

L'AGENT : Bonjour madame, vous voyagez en première classe ?

KIMBERLY : Oui. Voici la confirmation.

Kimberly lui montre l'écran de son portable. L'agent vérifie la réservation et lui sourit.

L'AGENT : Veuillez me suivre, s'il vous plaît.

Le jeune homme **s'empresse de**[10] la conduire au comptoir.

1/ (m) chariot à bagages : luggage cart
2/ (m) pourboire : tip
3/ en lui souhaitant : wishing her
4/ se rend au : walks toward
5/ (m) comptoir : counter
6/ (f) compagnie aérienne : airline
7/ (f) file : line
8/ (m) agent d'escale : ticket agent
9/ s'approche d'elle : approaches her
10/ s'empresse de : hastens to

CHAPITRE 9

1/ L'agent **emmène**[1] Kimberly **enregistrer**[2] sa valise. Un second agent confirme l'identité de Kimberly en regardant son passeport. Il vérifie aussi le poids de ses bagages et **imprime**[3] sa **carte d'embarquement**[4].
L'AGENT : Voulez-vous que je vous accompagne à notre salon ? Vous pourrez vous y détendre.
KIMBERLY : Oui, avec plaisir.
Quelques minutes plus tard, les portes de l'**ascenseur**[5] s'ouvrent sur un salon luxueux. Quelques personnes **lèvent les yeux**[6] dès que Kimberly **ôte**[7] sa veste. Elle porte une robe très **cintrée**[8] qui met sa **silhouette**[9] en valeur. Elle veut être élégante pour voyager parce qu'il y a souvent des acteurs sur le vol Los Angeles-Paris. Et on ne sait jamais, **au cas où**[10] elle se retrouverait assise à côté de George Clooney ou de Brad Pitt.

1/ emmène : takes
2/ enregistrer : to check
3/ imprime : prints
4/ (f) carte d'embarquement : boarding pass
5/ (m) ascenseur : elevator
6/ lèvent les yeux : look up
7/ ôte : takes off
8/ cintrée : fitted
9/ (f) silhouette : figure
10/ au cas où : in the event that

2/ **Aussitôt que**[1] Kimberly monte dans l'avion, un membre de l'**équipage**[2] se présente et lui offre une orchidée. Ensuite, il lui prend son bagage à main et le range dans un placard.

LE STEWARD : Bonjour madame. Bienvenue à bord. Je serai à votre service **pendant toute la durée**[3] du vol. N'hésitez pas à m'appeler pour quoi que ce soit.

Le steward l'accompagne à sa suite privative. Kimberly **n'en revient pas**[4*]. Ce n'est pas vraiment un siège, mais plutôt une vraie cabine personnelle. Il l'aide à **retirer**[5] sa veste et à la **plier**[6]. Puis il lui **range**[7] son **sac à main**[8] dans le **compartiment à bagages**[9]. Il lui apporte des journaux et des magazines.

LE STEWARD : Je reviendrai vous voir après le **décollage**[10] pour finir de vous installer le plus agréablement possible.

KIMBERLY : Merci beaucoup. C'est très gentil.

1/ aussitôt que : as soon as
2/ (m) équipage : crew
3/ pendant toute la durée : throughout
4/ n'en revient pas : is stunned*
5/ retirer : to take off
6/ plier : to fold
7/ range : puts away
8/ (m) sac à main : handbag
9/ (m) compartiment à bagages : luggage compartment
10/ (m) décollage : take-off

3/ LE STEWARD : Désirez-vous une coupe de champagne en attendant notre départ, madame ? Ou une autre boisson si vous préférez. Nous avons aussi des jus de fruits

KIMBERLY : Ah merci. Une coupe de champagne me convient très bien. **J'ai l'impression d'être**[1] une star de cinéma.

Kimberly s'imagine être dans son avion **privé**[2]. Il y a **tout ce qu'il lui faut**[3] pour faire un voyage très agréable : un pyjama, un **peignoir**[4], une **couverture**[5], des **oreillers**[6], des écouteurs, une petite **trousse de toilette**[7], et même du parfum. Elle **remarque**[8] les autres passagers qui voyagent avec elle : en particulier une femme **rousse**[9] d'une cinquantaine d'années qui était assise avec elle dans le salon à l'aéroport. Elle parle très

26

fort et essaie de **se faire remarquer**[10] par les stewards. Au bout de plusieurs minutes, on lui apporte un apéritif.

1/ j'ai l'impression d'être : I feel like
2/ privé : private
3/ tout ce qu'il lui faut : everything that she needs
4/ (m) peignoir : bathrobe
5/ (f) couverture : blanket
6/ (m) oreillers : pillows
7/ (f) trousse de toilette : toiletry kit
8/ remarque : notices
9/ rousse : redhead
10/ se faire remarquer : to get noticed

CHAPITRE 10

1/ Parmi les passagers privilégiés qui voyagent avec Kimberly, il y a un homme d'un certain âge. Kimberly le reconnaît tout de suite. C'est un vieux chanteur de rock très célèbre. Il a les cheveux **mi-longs**[1] et sa chemise rouge est ouverte. Il porte des lunettes noires pour préserver son anonymat. Trois chaînes en or pendent autour de son cou. Le vieux rocker **fixe Kimberly du regard**[2] et passe sa langue sur ses lèvres. La très jeune femme qui est assise à côté de lui, une **blonde décolorée**[3] avec un **décolleté**[4] très prononcé, le surprend et **lui donne un petit coup de coude**[5]. Kimberly, **gênée**[6], **détourne les yeux**[7]. Un peu plus loin, elle aperçoit un autre homme, très élégant, aux cheveux **poivre et sel**[8]. Il est complètement absorbé dans la lecture d'un livre. Il se retourne juste au moment où Kimberly l'observe mais la **démonstration des consignes de sécurité**[9] par les membres de l'équipage interrompt leurs regards. L'avion décolle **sans plus tarder**[10].

1/ mi-longs : mid-length
2/ fixe [Kimberly] du regard : stares at [Kimberly]
3/ (f) blonde décolorée : bleached blond
4/ (m) décolleté : cleavage
5/ lui donne un petit coup de coude : nudges him
6/ gênée : embarrassed
7/ détourne les yeux : looks away
8/ poivre et sel : salt and pepper
9/ (f) démonstration des consignes de sécurité : safety demonstration
10/ sans plus tarder : without further delay

2/ LE STEWARD : Bonjour madame, **me revoilà**[1]. Si vous désirez prendre un verre dans un cadre agréable, nous avons un salon **à l'étage²**. Il y a un bar qui propose aussi un service de tapas. Des **fauteuils massants³** sont a votre disposition pour vous détendre et vous reposer confortablement.

KIMBERLY : Je vous remercie. J'irai un peu plus tard.

Le steward s'éloigne pendant que Kimberly consulte la liste des films en français **à bord⁴**. Elle en choisit un, et en le regardant, elle **se rend compte⁵** avec joie qu'elle **comprend presque tout⁶**. Le deuxième film, par contre, la fait **bailler⁷** au bout de dix minutes. Elle regarde sa montre. **Il reste encore huit heures⁸** de vol. Elle **s'étire⁹** et se lève. Puis elle se dirige vers l'escalier qui la mène au milieu d'un salon très **accueillant¹⁰**.

1/ me revoilà : I'm back
2/ à l'étage : upstairs
3/ (m) fauteuils massants : massage chairs
4/ à bord : on board
5/ se rend compte : realizes
6/ comprend presque tout : understands almost everything
7/ bailler : to yawn
8/ il reste encore huit heures : there are still eight hours remaining
9/ s'étire : stretches out
10/ accueillant : welcoming

3/ Le salon est pratiquement vide. Il n'y a qu'une seule personne, **assise au fond¹** dans un fauteuil. C'est l'homme que Kimberly **avait repéré² au premier rang³**. Elle se dirige vers le bar où le barman finit de faire briller des **cuillères en argent⁴**. Il la regarde et lui sourit.

LE BARMAN : Bonjour madame, que désirez-vous boire ?

KIMBERLY : Je ne sais pas encore mais **surprenez-moi⁵**. **Faites-moi déguster⁶** votre meilleur cocktail. Donnez-moi quelque chose d'exotique. Faites-moi voyager.

LE BARMAN : Avec plaisir, madame. Je vais vous préparer un « Pisco Sour ». C'est un cocktail péruvien. Le Pisco est un alcool de **raisin**[7] très parfumé. **On le mélange**[8] avec du jus de **citron vert**[9], du blanc d'œuf, du sucre de canne et quelques **gouttes**[10] d'Angostura amer. Et voilà ! Le résultat est absolument fantastique. Je vous assure que vous allez l'adorer. C'est sucré et assez fort. C'est un apéritif parfait pour un aussi long voyage.

1/ assise au fond : seated at the back
2/ avait repéré : had spotted
3/ au premier rang : in the first row
4/ (f) cuillères en argent : silver spoons
5/ surprenez-moi : surprise me
6/ faites-moi déguster : let me taste
7/ (m) raisin : grapes
8/ on le mélange : we mix it
9/ (m) citron vert : lime
10/ (f) gouttes : drops

CHAPITRE 11

1/ LE BARMAN : Madame, vous pouvez aller vous installer confortablement. Je vais vous apporter votre cocktail.
KIMBERLY : Merci beaucoup. **J'ai hâte de**[1] le goûter.
Le barman lui sourit et **se met à la tâche**[2*]. Kimberly choisit un fauteuil près d'un **hublot**[3] et regarde le jeune homme préparer son cocktail. Il jongle avec les bouteilles d'une manière spectaculaire. C'est impressionnant. Kimberly remarque qu'elle n'est pas très loin du **bel inconnu**[4]. Elle l'observe discrètement et le trouve vraiment **séduisant**[5] et élégant. Le barman arrive quelques minutes plus tard et pose un **plateau**[6] sur la table avec le fameux cocktail, des olives, des **biscuits salés**[7], des feuilletés au fromage de chèvre et des petits fours. Kimberly est **ravie**[8] parce qu'elle a une petite faim et **a envie de grignoter**[9].
KIMBERLY : Merci beaucoup. **Quel festin**[10] magnifique !
LE BARMAN : Je vous en prie.

1/ j'ai hâte de : I look forward to
2/ se met à la tâche* : gets to work
3/ (m) hublot : window (of an airplane or a boat)
4/ (m) bel inconnu : good-looking stranger
5/ séduisant : attractive
6/ (m) plateau : tray
7/ (m) biscuits salés : salted crackers
8/ ravie : delighted
9/ a envie de grignoter : feels like nibbling
10/ (m) Quel festin ! : What a feast!

2/ Kimberly goûte timidement à son cocktail. Elle **s'enhardit**[1] et en boit un peu plus. Le goût de cette boisson est surprenant.

LE BEL INCONNU : Alors que pensez-vous de ce Pisco Sour ?
Kimberly **a failli s'étrangler**[2]. C'est à elle qu'il parle ! Elle
rougit[3] et **n'ose pas**[4] répondre. Qu'est-ce qu'elle pourrait bien
lui dire d'original ?
Elle fait face au barman qui la regarde. Il l'encourage à **se
retourner**[5], ce qu'elle fait lentement.
LE BEL INCONNU : C'est très bon, n'est-ce pas ?
Kimberly est charmée. **Il se trouve qu'il boit**[6] aussi le même
cocktail. Kimberly panique. Sa timidité la rend parfois **muette**[7.]
KIMBERLY : Oui, c'est **délicieux**[8].
LE BEL INCONNU : Lima, la capitale du Pérou, est le **lieu de
naissance**[9] de ce cocktail qui a été inventé **dans les années
vingt**[10]. Il est maintenant célèbre dans le monde entier.

1/ s'enhardit : gets braver
2/ a failli s'étrangler : almost chokes
3/ rougit : blushes
4/ n'ose pas : doesn't dare
5/ se retourner : to turn around
6/ il se trouve qu'il boit : it so happens that he's drinking
7/ muette : mute
8/ délicieux : delicious
9/ (m) lieu de naissance : birthplace
10/ dans les années vingt : in the twenties

3/ KIMBERLY : Merci monsieur, **vous êtes très aimable**[1.]
Vous venez de me donner[2] une idée pour mon **prochain**[3]
voyage. J'ai envie de voyager au Pérou depuis longtemps.
LE BEL INCONNU : **Je vous en prie**[4].
L'homme observe Kimberly encore quelques instants et
reprend[5] sa lecture. Kimberly **se demande**[6] qui peut bien être
cet homme si charmant. Elle essaie d'imaginer son **métier**[7]. Il
est beau comme un acteur hollywoodien ou un entrepreneur à
succès de la Silicon Valley. Kimberly est très curieuse et aimerait
beaucoup continuer sa conversation avec lui, mais elle ne veut

pas le **déranger**[8]. Elle sait qu'il la regarde de temps en temps. Soudain l'homme **laisse tomber**[9] son stylo **par terre**[10].

1/ vous êtes très aimable : you're very kind
2/ Vous venez de me donner : You just gave me
3/ prochain : next
4/ je vous en prie : don't mention it
5/ reprend : resumes
6/ se demande : wonders
7/ (m) métier : job/trade
8/ déranger : to disturb
9/ laisse tomber : drops
10/ par terre : on the floor

CHAPITRE 12

1/ Kimberly est maintenant assise à côté de lui. Elle **s'efforce**[1] de lire le titre du livre sur la table, mais **elle n'y arrive pas**[2]. Au moment où elle **se penche**[3] pour mieux le voir, l'homme **ramasse**[4] son stylo, et **bouscule**[5] la table. Catastrophe ! Les cocktails **se renversent**[6] sur la table. Kimberly et l'homme **se lèvent d'un bond**[7].

L'HOMME : Oh, je suis vraiment désolé, Madame. Je suis si **maladroit**[8]. Ce cocktail est vraiment très fort. Est-ce que vos vêtements sont **tachés**[9] ?

KIMBERLY : Non, ça va. Je ne crois pas.

L'HOMME : Ne vous inquiétez pas. Je vous rembourserai les frais de nettoyage, bien sûr.

KIMBERLY : Ce n'est pas grave. Je vous assure.

Tous les deux inspectent sa robe. Tout à coup, Kimberly est extrêmement troublée par la présence de cet homme qu'elle trouve très **attirant**[10]. Elle voudrait bien avoir l'assurance de Meryl Streep ou d'Angelina Jolie, ses actrices favorites, mais elle est trop timide.

1/ s'efforce : makes an effort
2/ elle n'y arrive pas : she's unable to
3/ se penche : leans down
4/ ramasse : picks up
5/ bouscule : bumps 6/ se renversent : spill
7/ se lèvent d'un bond : jump to their feet
8/ maladroit : clumsy
9/ tachés : stained
10/ attirant : attractive

2/ L'eau de toilette **enivrante**[1] de l'homme mystérieux

ensorcelle Kimberly. Elle **se rappelle**[2] s'être promenée dans la **boutique hors taxes**[3] de l'aéroport avant de monter dans l'avion. Quand elle était entrée dans la boutique, une **vendeuse**[4] lui avait proposé d'acheter la même. Elle avait adoré **sentir**[5] cet arôme de poivre et d'**agrumes**[6].

L'HOMME : Mademoiselle ? **Vous ne vous sentez pas bien**[7] ?

KIMBERLY : Si... Ça va.... Ça va passer.

Kimberly **se rassoit**[8]. Elle **a la tête qui tourne**[9*]. L'homme **lui verse un verre d'eau**[10]. Elle sait que c'est la faute du Pisco Sour. Elle n'a pas l'habitude de boire un cocktail aussi fort.

KIMBERLY : Tout va bien, merci. Et vous, aucune tache ?

L'HOMME : Non, ça va, mais mon livre n'a pas eu la même chance.

1/ enivrante : intoxicating
2/ se rappelle : remembers
3/ (f) boutique hors taxes : duty-free store
4/ (f) vendeuse : saleswoman
5/ sentir : to smell
6/ (m) agrumes : citrus
7/ vous ne vous sentez pas bien ? : you don't feel well?
8/ se rassoit : sits back down
9/ à la tête qui tourne : feels dizzy*
10/ lui verse un verre d'eau : pours her a glass of water

3/ L'homme montre les pages du livre qui sont complètement **trempées**[1]. Il va ensuite le jeter à la poubelle.

L'HOMME : Venez. **Allons nous réfugier sur le sofa**[2] là-bas.

Le barman **se précipite**[3] pour nettoyer la table. Il leur apporte deux autres cocktails un peu plus tard. Kimberly et son bel inconnu **se remettent de leurs émotions**[4*].

L'HOMME : Pardonnez ma **maladresse**[5] et **permettez-moi de me présenter**[6]. Je m'appelle Théodore Miller, mais mon **diminutif**[7], c'est Théo. Et vous ?

KIMBERLY : Moi, c'est Kim. Kimberly Swanson...

35

Enchantée[8] de faire votre connaissance.

THÉO : Moi aussi. Vous allez à Paris **pour affaires**[9] ?

KIMBERLY : Non, c'est un cadeau d'anniversaire du cabinet d'avocats où **j'exerce**[10]. C'est la première fois que je vais en France. J'en rêve depuis si longtemps.

1/ trempées : soaked
2/ allons nous réfugier sur le sofa : let's escape to the sofa
3/ se précipite : hurries
4/ se remettent de leurs émotions* : regain their composure
5/ (f) maladresse : clumsiness
6/ permettez-moi de me présenter : allow me to introduce myself
7/ (m) diminutif : nickname
8/ enchantée : delighted
9/ pour affaires : on business
10/ j'exerce : I practice (law)

CHAPITRE 13

THÉO : **Félicitations**[1]. Vous devez être une excellente avocate. Kimberly peut maintenant regarder attentivement cet homme qu'elle trouve de plus en plus séduisant. Il a les cheveux **ondulés**[2] et de beaux yeux bleus. La **peau**[3] de son visage est **bronzée**[4]. Il porte une chemise bordeaux **à rayures**[5] et un costume bleu marine d'un grand couturier italien. Son style change de celui des Américains avec qui elle travaille. Ils portent toujours des costumes noirs, gris ou bleu-marine.

KIMBERLY : Et vous, qu'allez-vous faire à…

Tout à coup, Kimberly **aperçoit**[6] la femme rousse qui était si exigeante au moment du décollage. Elle **se dirige tout droit sur**[7] Théo. Elle sort un **vaporisateur**[8] de son sac **pour se rafraîchir l'haleine**[9] et **interrompt brutalement**[10]* Kimberly qui est surprise du sans-gêne de cette femme si désagréable.

LA FEMME ROUSSE : Ah ! Vous voilà enfin ! Je vous cherchais partout ! Je sais que vous voyagez incognito.

1/ Félicitations : Congratulations
2/ ondulés : wavy
3/ (f) peau : skin
4/ bronzée : tanned
5/ à rayures : striped
6/ aperçoit : spots
7/ se dirige tout droit sur : walks right up to
8/ (m) vaporisateur : spray
9/ pour se rafraîchir l'haleine : to freshen her breath
10/ interrompt brutalement : forcefully interrupts*

2/ LA FEMME ROUSSE : Vous ! **Je parie**[1] que vous êtes

célèbre. Vous devez être acteur, chanteur ou champion de football. Je vous ai remarqué tout de suite. Je suis sûre que j'ai déjà vu votre photo **quelque part**[2]. La femme s'installe à côté de Théo. Elle **pousse**[3] Kimberly et prend toute la place. Kimberly **manque de tomber du sofa**[4] et doit se lever pour ne pas tomber. Cette **admiratrice**[5], qui **n'a pas froid aux yeux**[6*], pose la main sur celle de Théo qui essaie, sans succès, de la **retirer**[7]. Théo ne sait pas quoi faire **pour échapper à cette femme**[8] **envahissante**[9]. Kimberly se demande **à son tour**[10] qui est cet homme.

THÉO : Je suis désolé, madame, vous devez faire erreur.

La femme se retourne vers Kimberly.

LA FEMME ROUSSE : Et vous, qui êtes-vous ? Sa femme ? Sa copine ? Non, je sais ! Encore plus scandaleux... Sa maîtresse !

1/ je parie : I bet
2/ quelque part : somewhere
3/ pousse : pushes
4/ manque de tomber du sofa : almost falls off the sofa
5/ (f) admiratrice : admirer
6/ n'a pas froid aux yeux* : who is so bold
7/ retirer : to remove
8/ pour échapper à cette femme : to escape from this woman
9/ envahissante : intrusive
10/ à son tour : in turn

3/ Théo et Kimberly sont **très mal à l'aise**[1]. Théo essaie de **reculer**[2], mais il **se retrouve**[3] bloqué contre la **cloison**[4]. Théo fait signe à Kimberly de s'éloigner pour éviter d'attirer l'attention de cette femme.

THÉO : Écoutez, madame, je vous assure que vous devez me **confondre**[5] avec quelqu'un d'autre. Je vous en prie, laissez-nous terminer nos cocktails tranquillement, s'il vous plaît.

Mais l'admiratrice insiste. Sa bouche est seulement à quelques centimètres de la bouche de Théo. Le barman qui voit ce qui se passe arrive et **s'adresse directement à**[6] elle. Il fait tout son possible pour détourner l'attention de cette femme insistante.

LE BARMAN : Madame, je vous apporte ces pâtisseries **ainsi qu'**[7]une petite bouteille de porto. Rien que pour vous.

Le barman laisse le plateau sur la table et les deux hommes se regardent **d'un air complice**[8]. Théo parvient finalement à se dégager et **s'éloigne**[9] d'un air **soulagé**[10].

1/ très mal à l'aise : very uncomfortable
2/ reculer : to back away
3/ se retrouve : finds himself
4/ (f) cloison : partition
5/ confondre : to confuse
6/ s'adresse directement à : speaks directly to
7/ ainsi que : as well as
8/ d'un air complice : with an air of complicity
9/ s'éloigne : distances himself
10/ soulagé : relieved

CHAPITRE 14

1/ LA FEMME ROUSSE : Oh ! Que c'est gentil de penser à moi. Vous êtes un barman adorable. La femme a les yeux qui **brillent**[1]. Elle **engloutit**[2] les mini-éclairs et les **mille-feuilles**[3], qui sont devant elle, **à une vitesse impressionnante**[4]. Théo et Kimberly en profitent pour s'échapper et remercier le barman **qui est venu à leur secours**[5]. La femme suit Kimberly et Théo des yeux. Elle mange toutes les pâtisseries avec délice.
LA FEMME ROUSSE : **Je vous surveille, les amoureux**[6]. N'oubliez pas que je vois tout ce qui se passe dans cet avion. Théo et Kimberly **se dépêchent de redescendre**[7] pour regagner leurs sièges. Théo prend la main de Kimberly pour l'aider. Elle est flattée de l'attention que lui porte cet homme qu'elle connaît à peine. Une fois assise, elle est encore **attendrie**[8] par cette **rencontre**[9]. Mais elle ne devrait peut-être pas se faire trop d'illusions. Il pense sûrement à la femme qu'il va retrouver, une belle Française sophistiquée, qui l'attend **aux arrivées**[10].

1/ brillent : shine
2/ engloutit : devours
3/ (m) mille-feuilles : napoleons
4/ à une vitesse impressionnante : with impressive speed
5/ qui est venu à leur secours : who came to their rescue
6/ je vous surveille, les amoureux : I'm keeping an eye on you, lovebirds
7/ ils se dépêchent de redescendre : they hurry back down the stairs
8/ attendrie : touched
9/ (f) rencontre : encounter
10/ aux arrivées : in the arrivals area

2/ Kimberly est déjà un peu jalouse de la petite amie imaginaire de Théo. La scène se passera comme dans un film romantique. **Évidemment**[1], il sera le premier passager à récupérer sa valise. Ensuite, ils **sauteront**[2] dans une limousine qui les conduira dans un quartier historique de Paris. Ils s'embrasseront passionnément sur le **palier**[3] d'un appartement luxueux. Ils **boiront**[4] du champagne sur le balcon **qui donne sur la tour Eiffel**[5]. Il lui dira qu'elle est la femme de sa vie et elle lui répondra qu'elle l'a toujours aimé. Un steward **secoue**[6] doucement l'épaule de Kimberly qui **s'était assoupie**[7].

LE STEWARD : Madame, réveillez-vous. Je vais vous aider à **rassembler**[8] vos **effets personnels**[9]. **Je dois m'assurer**[10] que vous n'avez rien oublié dans le vestiaire qui vous est réservé.

1/ évidemment : obviously
2/ sauteront : will jump
3/ (m) palier : threshhold
4/ boiront : will drink
5/ qui donne sur la tour Eiffel : with a view of the Eiffel Tower
6/ secoue : shakes
7/ s'était assoupie : had dozed off
8/ rassembler : to gather
9/ (m) effets personnels : personal belongings
10/ je dois m'assurer : I have to make sure

3/ Kimberly **se remaquille**[1], se brosse les cheveux, et décide de se parfumer. Elle choisit **un parfum qu'elle n'a jamais mis avant**[2]. Elle pense à tous ses amis et à ses collègues de bureau qui travaillent en ce moment. Elle leur achètera des cadeaux avant de repartir.

LE STEWARD : Madame, **veuillez attacher votre ceinture**[3], s'il vous plaît. Nous allons bientôt **atterrir**[4]. N'oubliez pas aussi de **redresser votre siège**[5]. Je vous remercie.

KIMBERLY : Ah oui, excusez-moi… Voilà, c'est fait.

Quelques instants plus tard, l'avion atterrit à Paris.

LE CHEF DE CABINE[6] : Mesdames et messieurs, nous espérons que vous avez fait un excellent voyage. Nous voici arrivés à l'aéroport de Paris-Charles-de-Gaulle. La température est de dix-huit degrés. Le commandant Deneuve et moi-même vous **souhaitons**[7] un agréable séjour en France, ou **quelle que soit votre destination finale**[8]. **Nous espérons vous revoir prochainement**[9] sur nos **lignes**[10].

1/ se remaquille : touches up her make-up
2/ un parfum qu'elle n'a jamais mis avant : a perfume that she's never worn before
3/ veuillez attacher votre ceinture : please fasten your seatbelt
4/ atterrir : to land
5/ redresser votre siège : to return your seat to its upright position
6/ (m) chef de cabine : purser
7/ souhaitons : wish
8/ quelle que soit votre destination finale : whatever your final destination may be
9/ nous espérons vous revoir prochainement : we hope to see you again soon
10/ (f) lignes : flights

CHAPITRE 15

1/ Kimberly est **installée à l'arrière**[1] d'une Mercedes luxueuse. Marcel, son chauffeur **attitré**[2], l'attendait aux arrivées. **Il a la trentaine environ**[3]. Il parle **couramment**[4] l'anglais et l'espagnol, mais avec un fort accent français. Il porte un costume noir, une chemise blanche et une cravate noire.

MARCEL : Si je peux me permettre, Madame, c'est la première fois que vous venez en France ?

Il l'observe dans le **rétroviseur**[5]. Il trouve cette Américaine très jolie. Il est aussi agréablement surpris qu'elle parle aussi bien français. Kimberly lui parle un peu d'elle et de sa joie d'être enfin arrivée à Paris.

KIMBERLY : Oui, mais mes parents ont passé leur **lune de miel**[6] ici. Et ils m'ont beaucoup parlé de cette ville.

MARCEL : Que c'est romantique.

KIMBERLY : Oh ! La tour Eiffel ! Elle est **gigantesque**[7] ! Regardez, je l'ai en **porte-clé**[8]. C'est ma mère qui m'**a rapporté**[9] ce souvenir. C'est mon **porte-bonheur**[10].

1/ *installée à l'arrière : settled in the back*
2/ *attitré : assigned*
3/ *il a la trentaine environ : he's in his thirties*
4/ *couramment : fluently*
5/ *(m) rétroviseur : rearview mirror*
6/ *(f) lune de miel : honeymoon*
7/ *gigantesque : gigantic*
8/ *(m) porte-clé : keychain*
9/ *a rapporté : brought back*
10/ *(m) porte-bonheur : lucky charm*

2/ MARCEL : La tour Eiffel vaut la peine d'être visitée, si vous avez le temps. Les **travaux de rénovation**[1] viennent de se terminer. Il y a encore plus de touristes qu'avant. Vous devriez aller voir le **plancher de verre**[2] qui est vraiment spectaculaire. Il y a aussi de nouvelles boutiques et une salle de cinéma avec un film qui raconte la construction de la tour. La vue du dernier étage est superbe. Je vous recommande cette visite. Marcel voit Kimberly qui lui **fait signe de la tête**[3]. Elle **est tout à fait d'accord**[4] et veut profiter de la beauté de ce monument. KIMBERLY : D'accord. **Arrêtez-vous au coin**[5], s'il vous plaît. Marcel **gare**[6] la voiture. Kimberly descend **en faisant attention**[7] à tous les véhicules qui **roulent très vite**[8]. Elle est fascinée par la **taille**[9] de cette tour et son architecture si originale. Au moment où elle prend des photos avec son portable, plusieurs enfants l'**entourent**[10]. Ils se serrent contre elle. Kimberly ne sait pas comment réagir et panique.

1/ (m) travaux de rénovation : renovation projects
2/ (m) plancher de verre : glass floor
3/ fait signe de la tête : nods
4/ est tout à fait d'accord : agrees completely
5/ arrêtez-vous au coin : stop at the corner
6/ Marcel gare : Marcel parks
7/ en faisant attention : while paying attention
8/ roulent très vite : are passing by at a high rate of speed (for a car, motorcycle, etc.)
9/ (f) taille : size
10/ entourent : surround

3/ Kimberly ne comprend pas ce qui se passe. Elle essaie de **repousser**[1] tous ces enfants, mais ils sont trop **nombreux**[2]. Deux filles lui **tordent**[3] le bras pour **attraper**[4] son portable, mais Kimberly résiste et **crie**[5] en anglais. Des touristes paniqués s'éloignent de la scène. Marcel, qui voit de loin **ce qui se passe**[6], arrive en courant, et se met à crier à son tour. Deux policiers qui ont aussi entendu les cris de Kimberly chassent les voleurs. Ils les poursuivent, mais les enfants se dispersent rapidement.

MARCEL : Allez ! **Barrez-vous tous**[7**] !

Tout le groupe **disparaît**[8] en voyant Marcel et les policiers.

MARCEL : Ça va ? **Ils ne vous ont rien volé, j'espère**[9] ?

KIMBERLY : Non, heureusement. Mais j'ai eu de la chance parce que j'ai laissé mon sac et tous mes **papiers**[10] dans la voiture.

1/ repousser : to push away
2/ nombreux : numerous
3/ tordent : twist
4/ attraper : to grab
5/ crie : shouts
6/ ce qui se passe : what is going on
*7/ barrez-vous tous** : get out of here, all of you*
8/ disparaît : disperses
9/ ils ne vous ont rien volé, j'espère ? : they didn't steal anything from you, I hope
10/ (m) papiers : identification documents

CHAPITRE 16

1/ Ils retournent à la voiture en marchant rapidement. Kimberly est **contrariée**[1] et choquée. Ses mains tremblent. Quelle terrible expérience pour sa première journée ! Mais après tout, Paris est une grande ville cosmopolite et le danger est partout. MARCEL : Je suis vraiment désolé. Il faut **faire très attention**[2] dans les lieux touristiques. Quand vous marchez dans la rue, surtout si vous êtes seule, méfiez-vous de certaines personnes. Marcel **est en colère**[3], mais il ne le montre pas. Ses clients **sont souvent poursuivis**[4] ou **agressés**[5] par des **bandes de jeunes délinquants**[6]. Ce sont souvent de jeunes enfants qui **volent**[7] les **portefeuilles**[8] ou les sacs à main. La police **a du mal à**[9] assurer la **sécurité**[10] des touristes parce qu'il est légalement compliqué de condamner des enfants mineurs. Beaucoup de ces enfants sont manipulés par leur famille ou par des chefs mafieux qui viennent le plus souvent d'Europe de l'Est.

1/ *contrariée : upset*
2/ *faire très attention : to be really careful*
3/ *est en colère : is angry*
4/ *sont souvent poursuivis : are often chased*
5/ *agressés : assaulted*
6/ *(f) bandes de jeunes délinquants : youth gangs*
7/ *volent : steal*
8/ *(m) portefeuilles : wallets*
9/ *a du mal à : has a hard time*
10/ *(f) sécurité : safety*

2/ KIMBERLY : **En tout cas**[1], **c'est un fléau**[2*] pour les touristes et les Parisiens, mais aussi pour la réputation de Paris.

MARCEL : Oui, c'est un gros problème pour la ville. Ces enfants voleurs **trompent**[3] souvent les touristes en disant qu'**ils font une collecte**[4] pour une association. Ils les **incitent**[5] à signer des pétitions, mais elles sont fausses. C'est simplement de la fraude. Parfois, ils attaquent quelqu'un **qui retire de l'argent liquide**[6] à un **distributeur de billets**[7]. Il va falloir être prudente, madame. Mais si vous restez avec moi, je vous protégerai.

KIMBERLY : En tout cas, **Merci de m'avoir secourue**[8]. En fait, vous êtes chauffeur et aussi **garde du corps**[9]. C'est très bien. Je me sens beaucoup plus rassurée.

MARCEL : Je vous en prie, madame, mais c'est mon **devoir**[10] de faire de mon mieux pour assurer la protection de mes clients. C'est important pour notre société de limousines qui travaille principalement avec des touristes étrangers.

1/ en tout cas : in any case
2/ c'est un fléau* : it's a plague
3/ trompent : deceive
4/ ils font une collecte : they're collecting money
5/ incitent : encourage
6/ qui retire de l'argent liquide : who is withdrawing cash
7/ (m) distributeur de billets : ATM machine
8/ merci de m'avoir secourue : thank you for saving me
9/ (m) garde du corps : bodyguard
10/ (m) devoir : duty

3/ MARCEL : **En plus**[1] je peux parfaitement défendre mes clients parce que **je suis ceinture noire de karaté**[2]. Regardez, Je vous le prouve tout de suite.

Marcel **enlève**[3] sa veste et fait une démonstration de karaté. Kimberly **remarque**[4] que la chemise de Marcel est **serrée**[5] autour de ses biceps et de son torse.

KIMBERLY : Effectivement, ça se voit. Je suis très impressionnée.

Marcel sourit et apprécie le compliment.

Quelques instants plus tard, Marcel et Kimberly **remontent dans**[6] la voiture et partent en direction de la Place Vendôme.

Après cet incident, Kimberly se détend un peu.

MARCEL : Nous sommes arrivés à votre hôtel. La concierge de l'hôtel **a déjà dû vous soumettre**[7] une liste de suggestions de visites. **J'aurai le plaisir**[8] d'être votre chauffeur pendant toute la durée de votre **séjour**[9], **si vous êtes d'accord**[10].

1/ en plus : in addition
2/ je suis ceinture noire de karaté : I'm a black belt in karate
3/ enlève : takes off
4/ remarque : notices
5/ serrée : tight
6/ remontent dans : get back in
7/ a déjà dû vous soumettre : must have already given you
8/ j'aurai le plaisir : it will be my pleasure
9/ (m) séjour (m) : stay
10/ si vous êtes d'accord : if you are in agreement

CHAPITRE 17

1/ KIMBERLY : Oui, bien sûr. Je serai en sécurité avec vous. Pourriez-vous me servir de guide ?

MARCEL : Oh oui, madame. **Je suis né**[1] à Versailles, mais j'ai toujours habité à Paris. Je connais tous les quartiers, tous les monuments et les petits restaurants qui ne sont pas indiqués dans les guides. Je peux vous raconter beaucoup d'anecdotes sur l'histoire de Paris. **Faites-moi confiance**[2], je suis **le meilleur**[3] guide que vous **puissiez**[4] engager.

La voiture **ralentit et s'arrête**[5] devant le très beau palace de la Place Vendôme. Trois **portiers**[6] qui se tiennent sous un **auvent**[7] se précipitent en direction de la voiture. Le premier ouvre la portière du côté de Kimberly pendant que le deuxième sort la valise du coffre. Le troisième ouvre **cérémonieusement**[8] la porte dorée de l'entrée. Une fois à l'intérieur, des compositions florales ornent des tables **en marbre**[9]. Une jeune femme **accueille**[10] Kimberly et lui offre un bouquet de fleurs.

1/ je suis né : I was born
2/ faites-moi confiance : trust me
3/ le meilleur : the best
4/ puissiez : could
5/ ralentit et s'arrête : slows to a stop
6/ (m) portiers : doormen
7/ (m) auvent : awning
8/ cérémonieusement : ceremoniously
9/ en marbre : in marble
10/ accueille : welcomes

2/ LA CONCIERGE DE L'HÔTEL : Bonjour madame Swanson. **Bienvenue**[1] dans notre palace. C'est un plaisir de vous recevoir. Je m'appelle Rachida et je suis **à votre disposition**[2] pendant la semaine que vous **passerez**[3] chez nous. **Veuillez me suivre**[4], s'il vous plaît. Je vais me faire un plaisir de vous conduire à votre suite. Rachida appelle un bagagiste qui prend la valise et le bagage à main de Kimberly, et se dirige vers un ascenseur de service. Kimberly admire la **décoration luxueuse**[5] de l'**entrée de l'hôtel**[6]. Une fois dans l'ascenseur, Rachida sort une carte magnétique de sa poche et l'**introduit**[7] dans une boîte rouge.

RACHIDA : Madame, cet ascenseur vous est réservé. C'est très simple : vous introduisez la carte ici, et vous **appuyez**[8] sur ce bouton **pour accéder à**[9] votre suite. En cas d'incendie, les ascenseurs ne marcheront pas et vous devrez alors utiliser l'**escalier de secours**[10].

1/ bienvenue : welcome
2/ à votre disposition : at your service
3/ passerez : will spend
4/ veuillez me suivre : please follow me
5/ décoration luxueuse (f) : luxurious décor
6/ entrée (f) de l'hôtel : hotel lobby
7/ introduit : inserts
8/ appuyez : push
9/ pour accéder à : to gain access to
10/ escalier (m) de secours : fire escape

3/ Quelques secondes plus tard, elles arrivent au dernier étage de l'hôtel. Rachida fait visiter la suite qui est d'un luxe **à couper le souffle**[1*]. Il y a un balcon et une **baie vitrée**[2] qui **dominent**[3] toute la place Vendôme. Kimberly est vraiment très heureuse.

KIMBERLY : Ah mon dieu ! Quelle vue magnifique !

RACHIDA : Oui, surtout le soir. Ici, vous êtes dans la **salle de séjour**[4]. Laissez-moi vous montrer comment fonctionne la tablette qui va vous permettre de contrôler les commandes des différentes pièces de votre suite. Par exemple, si vous voulez **tirer les rideaux**[5], vous appuyez ici et regardez ce qui se passe.

D'un seul coup[6], les rideaux glissent sur une **tringle**[7] métallique et **assombrissent**[8] la pièce tandis que toutes les lampes **s'allument**[9] en même temps. Vous pouvez ainsi **régler l'éclairage**[10] comme vous le désirez. Vous voyez, vous devriez beaucoup vous plaire ici.

1/ à couper le souffle* : that takes one's breath away
2/ (f) baie vitrée : bay window
3/ dominent : overlook
4/ (f) salle de séjour : living room
5/ tirer les rideaux : to close the curtains
6/ d'un seul coup : all at once
7/ (f) tringle : curtain rod
8/ assombrissent : darken
9/ s'allument : light up
10/ régler l'éclairage : to adjust the light level

CHAPITRE 18

1/ RACHIDA : Si vous désirez regarder la télévision, le réglage est très facile. Vous avez accès à toutes les **chaînes disponibles**[1] en anglais et en français sur un écran qui **s'abaisse**[2] du plafond. Il y a aussi un bar avec une grande sélection de boissons **au frais**[3]. Venez, Madame. Je vous emmène dans votre chambre. J'espère que vous serez satisfaite.
KIMBERLY : Cette chambre est vraiment **merveilleuse**[4]. Et c'est incroyable, il y a un bain à remous sur le balcon. C'est une idée fantastique. Quelle sérénité **en plein Paris**[5] !
RACHIDA : Et voici la salle de bains. Vous y trouverez tout ce dont vous pourriez avoir besoin : du shampoing, de l'**après-shampoing**[6], de la **laque**[7], des peignes, des brosses, un **sèche-cheveux**[8], mais aussi de la **lotion pour le corps**[9], de la **lotion démaquillante**[10], et encore bien d'autres choses que je vous laisse découvrir.

1/ (f) chaînes disponibles : available channels
2/ s'abaisse : lowers
3/ au frais : chilled
4/ merveilleuse : marvelous
5/ en plein Paris : right in the middle of Paris
6/ (m) après-shampoing : conditioner
7/ (f) laque : hairspray
8/ (m) sèche-cheveux : hair dryer
9/ (f) lotion pour le corps : body lotion
10/ (f) lotion démaquillante : make-up remover

2/ KIMBERLY : En bien, je crois que j'aurais pu laisser mes **produits de toilette**[1] **à la maison**[2]. Il y a tout ce qu'il me faut.

RACHIDA : Et si **par hasard**[3] vous avez oublié quelque chose, contactez-moi et nous vous apporterons **ce qui vous manque**[4].

KIMBERLY : Merci pour toutes ces **explications**[5]. Je suis sûre que je vais passer un séjour extraordinaire.

Quelqu'un frappe à la porte. Rachida **se hâte**[6] d'aller ouvrir la porte et de laisser entrer le **garçon d'étage**[7]. L'employé pousse un **chariot**[8] qu'il laisse à l'entrée du salon. Il dispose ensuite plusieurs plats et une tour Eiffel en fruits coupés sur la nappe blanche d'une table ronde.

RACHIDA : Nous vous avons préparé une sélection de spécialités **salées et sucrées** [9] **au cas où vous auriez faim**[10].

Kimberly prend une photo de cette belle présentation avec son smartphone et l'envoie à Julie.

1/ (m) produits de toilette : toiletries
2/ à la maison : at home
3/ par hasard : by chance
4/ ce qui vous manque : what you need
5/(f) explications : explanations
6/ se hâte : hastens
7/ (m) garçon d'étage : room attendant
8/ (m) chariot : cart
9/ salées et sucrées : savory and sweet
10/ au cas où vous auriez faim : in case you're hungry

3/ KIMBERLY : Vous êtes vraiment **efficace**[1]. Vous pensez à tout. Tout ceci semble vraiment excellent.

Kimberly regarde avec appétit ce que le garçon **dispose**[2] sur la table. Elle sort quelques billets de son portefeuille. Elle les tend d'abord à Rachida, et ensuite au garçon.

KIMBERLY : Tenez, c'est pour vous.

RACHIDA : Madame, tous les pourboires sont **inclus**[3] dans le prix de votre chambre, et celle-ci **a déjà été payée**[4].

KIMBERLY : OK. Décidemment, ce voyage a vraiment bien été organisé. C'est fantastique.

RACHIDA : Madame, avant que je vous laisse **vous installer**[5] et **vous restaurer**[6], prenez ce portable. Mon numéro et **celui de Marcel**[7] **sont déjà enregistrés**[8]. Nous sommes à votre disposition **24 heures sur 24** et **7 jours sur 7**[9]. N'hésitez pas à nous appeler. Nous sommes à votre service.

KIMBERLY : Merci beaucoup. De cette manière, mon séjour sera **le plus sûr**[10] possible. Cela me rassure.

1/ efficace : efficient
2/ dispose : lays out
3/ inclus : included
4/ a déjà été payée : has already been paid
5/ vous installer : to get settled
6/ vous restaurer : to have something to eat
7/ celui de Marcel : Marcel's (number)
8/ sont déjà enregistrés : are already programmed (into the phone)
9/ 24 heures sur 24 et 7 jours sur 7 : 24 hours a day, 7 days a week
10/ le plus sûr : the safest

CHAPITRE 19

1/ Le lendemain Kimberly **est réveillée**[1] par des sirènes **lointaines**[2] qu'elle ne reconnaît pas. Pendant quelques secondes, elle pense qu'elle est encore à Los Angeles. Mais quand elle regarde le **réveil**[3] sur la **table de nuit**[4], elle se souvient qu'elle est à Paris. Il est sept heures du matin. Elle se lève et **enfile**[5] un peignoir. Elle prend une pomme dans la corbeille de fruits sur la table du salon et la mange avec appétit. Elle s'approche de la grande baie vitrée et regarde les voitures qui tournent autour de la place. Au moment où elle ouvre la fenêtre pour **respirer**[6] l'air de Paris, une **cacophonie de bruits**[7] **envahit**[8] sa chambre : la sirène d'une voiture de police, les klaxons des conducteurs impatients et les moteurs des camions. Les chauffeurs **s'activent**[9] pour terminer leurs **livraisons**[10]. Elle rentre dans sa chambre et s'installe dans le salon. Elle allume son portable et écoute ses messages.

1/ est réveillée : is awakened
2/ lointaines : far-off
3/ (m) réveil : alarm clock
4/ (f) table de nuit : nightstand
5/ enfile : puts on
6/ respirer : to breathe
7/ (f) cacophonie de bruits (f) : a cacophony of noises
8/ envahit : invades
9/ s'activent : hurry
10/ (f) livraisons : deliveries

2/ JULIE : Allo ? Alors la Parisienne, comment vas-tu ? **Tu es une veinarde**[1**]. Je suis sûre que tu as fait un super bon voyage et que **tu te la coules douce**[2**] dans ton palace. J'ai regardé le site internet de l'hôtel et c'est incroyable. N'oublie pas de me **rapporter un beau cadeau**[3]. À bientôt et rappelle-moi pour me donner des détails. Tu me dois bien ça.

Une demi-heure plus tard, Kimberly **meurt de faim**[4]. Mais, **heureusement**[5], on vient de lui apporter son petit-déjeuner. Quelques minutes plus tard, elle est assise à une petite table dans le salon de sa suite, devant un petit-déjeuner digne d'une reine : des **mini-viennoiseries**[6] (des croissants, des pains au chocolat, des pains aux raisins et des brioches qui sont si **mignonnes**[7]), du beurre, de la confiture d'abricots, du fromage, de la **dinde fumée**[8], des **œufs brouillés**[9], et une salade de fruits avec des morceaux d'orange et de **pamplemousse**[10].

1/ tu es une veinarde** : you're really lucky
2/ tu te la coules douce** : you're taking it easy
3/ rapporter un beau cadeau : to bring back a nice gift
4/ meurt de faim : is starving
5/ heureusement : fortunately
6/ (f) mini-viennoiseries : mini French pastries
7/ mignonnes : cute
8/ (f) dinde fumée : smoked turkey
9/ (m) œufs brouillés : scrambled eggs
10/ (m) pamplemousse : grapefruit

3/ Kimberly goûte à tout ce qu'il y a **devant elle**[1]. **Malgré**[2] le **décalage horaire**[3], elle a bien dormi **car**[4] le lit est très confortable. **Tout en s'essuyant**[5] la bouche avec sa serviette, Kimberly regarde sa montre. Elle est impatiente de sortir pour découvrir Paris. Elle compose le numéro de Marcel qui **prend son appel**[6] sans tarder.

MARCEL : Bonjour Madame. **Avez-vous bien dormi**[7] ?
KIMBERLY : Oui, très bien. Je vous remercie.
MARCEL : Vous êtes déjà **en bas**[8] ?
KIMBERLY : Non, **pas encore**[9].

MARCEL : Tant mieux parce que je suis en train de **faire le plein d'essence**[10]. Je n'en ai plus pour longtemps. Je vous enverrai un SMS dès que j'arriverai à l'hôtel.

1/ devant elle : in front of her
2/ malgré : despite
3/ (m) décalage horaire : jetlag
4/ car : because
5/ tout en s'essuyant : upon wiping
6/ prend son appel : answers her call
7/ Avez-vous bien dormi ? : Did you sleep well?
8/ en bas : downstairs
9/ pas encore : not yet
10/ faire le plein d'essence : to fill up the gas tank

CHAPITRE 20

1/ Kimberly **prend son temps**[1] pour finir de se préparer. Elle **s'attarde**[2] sur le balcon pour regarder la **frénésie**[3] de la vie parisienne. Une demi-heure plus tard, elle prend l'ascenseur. Quand elle arrive au **rez-de-chaussée**[4], il y a beaucoup d'activité dans l'hôtel. Elle **jette un coup d'œil**[5] vers le bureau des concierges. Dès que Rachida aperçoit Kimberly, elle se lève et **vient à sa rencontre**[6].

RACHIDA : Bonjour madame. J'espère que votre suite et toutes nos **prestations**[7] vous conviennent.

KIMBERLY : Oui, tout est parfait. Je suis impatiente de découvrir Paris. **Conseillez-moi**[8], s'il vous plaît.

RACHIDA : J'ai préparé une liste d'endroits touristiques pour Marcel. Vous pouvez lui **faire confiance**[9]. Il vous fera aussi de bonnes suggestions. C'est un guide parfait.

KIMBERLY : Bien sûr. Merci beaucoup et **à plus tard**[10].

1/ prend son temps : takes her time
2/ s'attarde : lingers
3/ (f) frénésie : frenzy
4/ (m) rez-de-chaussée : ground floor
5/ jette un coup d'œil : glances
6/ vient à sa rencontre : is coming to greet her
7/ (f) prestations : amenities
8/ conseillez-moi : advise me
9/ faire confiance : to trust
10/ à plus tard : see you later

2/ Kimberly **sort de**[1] l'hôtel, prête pour sa première visite de la ville. Soudain, un **livreur avec les bras chargés de colis**[2] la

heurte de plein fouet[3]*. Elle **est propulsée**[4] dans les bras du portier qui lui évite de tomber.

LE PORTIER : **Espèce d'idiot**[5]** ! Vous ne pouvez pas faire attention ! Ça va, madame ? Vous voulez vous asseoir ?

KIMBERLY : Non, ça va. Mais je suis désolée parce que je crois que **je vous ai marché sur les pieds**[6].

LE PORTIER : **Il n'y a pas de mal**[7]*. Je n'ai rien senti.

KIMBERLY : Vous êtes gentil. Même à Paris, **je dois me tenir sur mes gardes**[8]* et éviter les livreurs.

LE PORTIER : Oui, tout à fait. Je vous appelle un taxi, madame ?

KIMBERLY : Non, merci, mon chauffeur m'attend là-bas.

MARCEL : Bonjour Madame Swanson. Comment allez-vous ce matin ? J'espère que vous êtes prête pour votre premier jour.

Marcel est **resplendissant**[9]. Il a mis une rose à la **boutonnière**[10] de sa veste et il porte une nouvelle cravate.

1/ sort de : exits
2/ livreur avec les bras chargés de colis : delivery man carrying parcels
3/ la heurte de plein fouet* : slams right into her
4/ est propulsée : gets pushed
5/ Espèce d'idiot** : Stupid
6/ je vous ai marché sur les pieds : I stepped on your feet
7/ il n'y a pas de mal* : there's no harm done
8/ je dois me tenir sur mes gardes* : I have to be on my guard
9/ resplendissant : stunning
10/ (f) boutonnière : buttonhole

3/ KIMBERLY : Je suis encore un peu fatiguée, mais ce matin, mon petit-déjeuner était **incroyable**[1]. **J'ai même volé**[2] deux croissants et une brioche pour vous.

Kimberly ouvre son sac à main et lui montre les viennoiseries qu'elle a enveloppées dans une serviette.

MARCEL : Génial ! **J'avais un creux**[3]*. **Ça tombe très bien**[4]*. Merci beaucoup d'avoir pensé à moi.

Kimberly monte à l'arrière de la voiture et remarque **en s'asseyant**[5] qu'il y a un bouquet de roses et une boîte de chocolats avec un **nœud en ruban rouge**[6]. Elle est étonnée de tous ces cadeaux qui lui font plaisir.

KIMBERLY : Ces roses sont magnifiques et elles **sentent si bon**[7]. Et en plus des chocolats. **Vous me gâtez**[8]. Vous traitez tous vos clients, et surtout vos clientes, de cette manière ?

MARCEL : Non, pas vraiment. Ces chocolats sont **exquis**[9].

KIMBERLY : Merci beaucoup. Alors, **où m'emmenez-vous**[10] ?

MARCEL : Dans un des plus vieux quartiers de Paris.

1/ incroyable : unbelievable
2/ j'ai même volé : I even stole
3/ j'avais un creux* : I was hungry
4/ ça tombe très bien* : that was great timing
5/ en s'asseyant : upon sitting
6/ (m) nœud en ruban rouge : red bow
7/ sentent si bon : smell so good
8/ vous me gâtez : you're spoiling me
9/ exquis : exquisite
10/ Où m'emmenez-vous ? : Where are you taking me ?

CHAPITRE 21

1/ MARCEL : Nous allons commencer par le Marais. Vous connaissez ce quartier ?

KIMBERLY : Non, mais **j'en ai entendu parler**[1]. J'ai vu des photos des rues qui sont très **étroites**[2]. J'ai lu que les maisons datent du **Moyen Âge**[3]. **Est-ce que c'est vrai**[4] ?

MARCEL : Oui, c'est exact. Il y a aussi des restaurants, des boutiques et quelques petites salles de théâtre. Vous verrez, l'architecture des façades est fantastique. Vous ne devez pas **rater**[5] ce quartier qui est l'un des plus historiques de Paris.

La voiture passe devant un **hôtel particulier**[6] très renommé.

MARCEL : Voici le Musée Carnavalet. On y trouve tout sur l'histoire de la ville de Paris. Il y a beaucoup de tableaux, de meubles, et d'**objets anciens**[7] de la Révolution Française. Vous y trouverez des clés de la Bastille et des **menottes**[8]. Il y a aussi des **pavés**[9] que les révolutionnaires ont utilisés pour manifester dans les rues. Et puis, surtout, un **modèle réduit**[10] de guillotine ct la chcmisc quc la reine Marie Antoinette a portée pendant son incarcération à la prison du Temple.

1/ *j'en ai entendu parler : I've heard about it*
2/ *étroites : narrow*
3/ *(m, sing) Moyen Âge : Middle Ages*
4/ *Est-ce que c'est vrai ? : Is that right?*
5/ *rater : to miss*
6/ *(m) hôtel particulier : mansion*
7/ *(m) objets anciens : artifacts*
8/ *(f) menottes : manacles*
9/ *(m) pavés : cobblestones*
10/ *(m) modèle réduit : scale model*

2/ KIMBERLY : C'est plutôt morbide, vous ne trouvez pas ?
MARCEL : Oui, vous avez raison. Nous pouvons aller **nous balader**[1] dans ce beau quartier. Je le connais par cœur.
La voiture **disparaît dans**[2] les rues insolites de ce quartier si **réputé**[3] : la rue du Temple, la Place Saint-Paul et la Place des Vosges. Deux heures plus tard, Marcel conduit sur les berges de la Seine. Marcel se gare sur les **quais**[4] devant un très grand bateau, un **restaurant péniche**[5].
KIMBERLY : Mais qu'est-ce qu'on fait ici ?
MARCEL : Eh bien, ce bateau devant vous s'appelle « une péniche ». Les péniches étaient autrefois utilisées pour transporter des marchandises, mais cette péniche-ci a été aménagée en restaurant de luxe. **Faites attention**[6] en descendant de la voiture car les pavés des quais peuvent être très glissants. On peut alors **se tordre la cheville**[7] et **se faire mal**[8].
Marcel l'accompagne jusqu'à la **passerelle**[9] du bateau.
MARCEL : J'espère que vous apprécierez ce déjeuner. Je reviendrai vous chercher dans deux heures.
Sur le bateau, Kimberly est **immédiatement accueillie**[10] par un grand jeune homme en costume, qui la salue très respectueusement.

1/ allons nous balader : let's go for a drive
2/ disparaît dans : disappears down
3/ réputé : famous
4/ (m) quais : quays
5/ (m) restaurant péniche : floating restaurant-barge
6/ faites attention : be careful
7/ se tordre la cheville : to sprain an ankle
8/ se faire mal : to hurt oneself
9/ (f) passerelle : gangway
10/ immédiatement accueillie : immediately welcomed

3/ LE MAÎTRE D'HÔTEL : Bienvenue à bord, madame. Le chef Auguste Mironton et moi-même **sommes très honorés de**[1] vous accueillir sur notre bateau, Le **Joyau**[2] de la Seine. Nous avons composé un déjeuner spécialement pour vous.

Le chef cuisinier **en tablier**[3] et **en toque**[4] se tient **à ses côtés**[5].

KIMBERLY : Ah merci beaucoup. Quelle chance !

Le maître d'hôtel escorte Kimberly **à travers**[6] la salle du restaurant où toutes les tables sont occupées par **des amoureux**[7] et des touristes. Ils arrivent dans un salon particulier avec une véranda qui est **située**[8] à l'arrière du bateau. Kimberly aussitôt installée, la péniche quitte le quai et descend tranquillement la Seine. Kimberly **est émerveillée**[9] par l'architecture des beaux monuments parisiens comme par exemple le Musée d'Orsay avec sa **pendule**[10], la cathédrale Notre-Dame et la Conciergerie.

1/ sommes très honorés de : are very honored to
2/ (m) joyau : jewel
3/ en tablier : wearing an apron
4/ en toque : wearing a chef's hat
5/ à ses côtés : at his side
6/ à travers : through
7/ des amoureux : lovebirds
8/ située : situated
9/ émerveillée : mesmerized
10/ (f) pendule : clock

CHAPITRE 22

1/ Kimberly regarde les Parisiens qui se promènent sur les **berges**[1] de la Seine. Au moment où elle prend des photos, un serveur entre et laisse la porte ouverte. Il pose une timbale de **homard poêlé**[2], des **coquilles Saint-Jacques**[3], et du caviar servi sur des **glaçons**[4] sur la table.

KIMBERLY : Monsieur, s'il vous plaît, **pouvez-vous me prendre en photo**[5] ? La vue est tellement belle.

LE SERVEUR : Oui, mais je dois d'abord **aller chercher**[6] votre bouteille de vin blanc. Je reviens tout de suite.

KIMBERLY : Excusez-moi, je ne voulais pas interrompre votre travail. Je ne suis pas pressée.

Kimberly continue de regarder le paysage qui **défile**[7].

UN INCONNU[8] : Madame, je peux prendre cette photo pour vous **si vous me le permettez**[9].

Un jeune homme très séduisant **se tient devant elle**[10] et lui sourit.

1/ (f) berges : banks
2/ (m) homard poêlé : sauteed lobster
3/ (f) coquilles Saint-Jacques : scallops
4/ (m) glaçons : ice cubes
5/ Pouvez-vous me prendre en photo ? : Can you take my photo?
6/ aller chercher : to go and bring
7/ défile : passes by
8/ (m) inconnu : stranger
9/ si vous me le permettez : if you'll allow me
10/ se tient devant elle : is standing in front of her

2/ LE SERVEUR : Monsieur ! Que faites-vous ici et qui vous a permis d'entrer ici ? Vous n'êtes pas **autorisé**[1] à rester dans ce salon privé. **Veuillez sortir**[2] tout de suite, s'il vous plaît !

L'INCONNU : D'accord. Excusez-moi. Je voulais juste aider cette dame **ravissante**[3] à prendre quelques photos. Surtout quand je me suis rendu compte qu'elle déjeunait seule.

KIMBERLY : Mais **ce monsieur ne m'embête pas**[4]. **Il ne fait rien de mal**[5]. Il est très gentil, au contraire.

LE SERVEUR : Je suis désolé, madame, mais j'ai reçu des **consignes**[6] très strictes. On ne doit pas vous importuner.

L'INCONNU : **Aucun souci**[7]. Ne vous inquiétez pas. **Je ne veux pas vous attirer d'ennuis**[8]. Je m'en vais.

Avant de sortir, l'inconnu prend la rose dans le vase qui est au milieu de la table. Il **s'agenouille**[9] et offre la fleur à Kimberly.

L'INCONNU : Pour vous qui êtes **la plus belle rose du monde**[10].

Kimberly rougit. Elle tombe immédiatement sous le charme de ce beau jeune homme.

1/ autorisé : permitted
2/ veuillez sortir : please leave
3/ ravissante : beautiful
4/ ce monsieur ne m'embête pas : this gentleman isn't bothering me
5/ il ne fait rien de mal : he isn't doing anything wrong
6/ (f) consignes : orders
7/ (m) aucun souci : no problem
8/ je ne veux pas vous attirer d'ennuis : I don't want to get you in trouble
9/ s'agenouille : kneels down
10/ la plus belle rose du monde : the most beautiful rose in the world.

3/ Le serveur, **outré**[1], s'apprête à **chasser l'inconnu**[2], mais l'homme disparaît **en un clin d'œil**[3].

LE SERVEUR : Certaines personnes n'ont aucun **scrupule**[4]. Je reviens avec votre steak chateaubriand. Je vous apporterai ensuite une sélection de fromages, et notre célèbre dessert, des profiteroles, préparées par notre chef-pâtissier.

KIMBERLY : Je ne connais pas ce dessert. Qu'est-ce que c'est ?
LE SERVEUR : Ce sont des choux fourrés de glace à la vanille et nappés de chocolat chaud. Un vrai délice !
Le bateau **accoste**[5] peu après. Marcel regrette que Kimberly lui dise qu'elle n'a plus besoin de lui pour la journée. Mais **une fois**[6] son chauffeur parti, elle se sent anxieuse parce qu'**elle n'a personne**[7] pour la guider. Elle regarde les gens qui promènent leurs chiens ou qui garent leurs voitures minuscules **avec beaucoup d'adresse**[8]. Elle arrive Place de l'Opéra. **Cela fait trois heures qu'elle marche**[9]. Elle **a mal aux pieds**[10].

1/ outré : shocked
2/ chasser l'inconnu: to kick the stranger out
3/ en un clin d'oeil : in the blink of an eye
4/ (m) scrupule : scruples
5/ accoste : docks 6/ une fois : once
7/ elle n'a personne : she doesn't have anyone
8/ avec beaucoup d'adresse : very skillfully
9/ cela fait trois heures qu'elle marche : she's been walking for three hours
10/ a mal aux pieds : (her) feet hurt

CHAPITRE 23

1/ Après avoir marché aussi longtemps, Kimberly est **exténuée**[1].
Elle **repère**[2] un grand café, le Café de la Paix. Il y a une
superbe terrasse avec beaucoup de petites tables d'où l'on peut
observer les passants. Une fois assise, elle consulte le menu.
LE SERVEUR : Alors, qu'est-ce qu'on sert à la jolie dame ?
KIMBERLY : Une petite bouteille d'eau pétillante, s'il vous
plaît. Avec une **rondelle de citron**[3] si c'est possible. Et aussi
une **île flottante**[4]. C'est mon dessert favori.
LE SERVEUR : **C'est parti**[5*] !
Il lui enlève le menu des mains en une seconde et
disparaît **comme une fusée**[6]. Quelques minutes plus tard, le
garçon **est de retour**[7]. Il lui apporte son dessert et repart **aussi
sec**[8*]. Mais au moment où Kimberly se rend compte que le
serveur a oublié de lui apporter sa **consommation**[9], il **s'est
déjà envolé**[10] !

1/ exténuée : exhausted
2/ repère : spots
3/ (f) rondelle de citron : slice of lemon
4/ (f) île flottante : floating island (a dessert)
5/ c'est parti : sure thing*
6/ comme une fusée : like a rocket
7/ est de retour : is back
8/ aussi sec : right away*
9/ (f) consommation : beverage
10/ s'est déjà envolé : already flew away

2/ KIMBERLY : Monsieur, s'il vous plaît, monsieur…
Le garçon **virevolte comme une tornade**[1] dans le restaurant
bondé[2]. Il passe plusieurs fois devant elle sans s'arrêter.

Kimberly essaie **désespérément**[3] d'**attirer**[4] son attention, mais elle n'y arrive pas. Elle essaie encore plusieurs fois.

KIMBERLY : Monsieur ! Monsieur ! S'il vous plaît ! Vous avez oublié ma boisson ! Monsieur !

Le garçon ne l'entend pas. Kimberly **soupire**[5]. Soudain, une petite bouteille d'eau pétillante **fait son apparition**[6] sur sa table **comme par miracle**[7]. Kimberly est très étonnée.

L'INCONNU : Excusez-moi, Madame, mais c'est **ce que vous avez commandé**[8], n'est-ce pas ?

Kimberly lève les yeux et reconnaît le très beau jeune homme qui était sur la péniche. **Son cœur bat très vite**[9]. Quelle coïncidence incroyable !

KIMBERLY : Mais oui, c'est exact, vous êtes **voyant**[10] ?

1/ virevolte comme une tornade : whirls like a tornado
2/ bondé : crowded 3/ désespérément : desperately
4/ attirer : to attract
5/ soupire : sighs
6/ fait son apparition : appears
7/ comme par miracle : miraculously
8/ ce que vous avez commandé : what you ordered
9/ son cœur bat très vite: her heart beats really fast
10/ (m) voyant : psychic

3/ Kimberly **ne peut pas s'empêcher de sourire**[1]. Elle pensait qu'elle ne reverrait jamais ce beau jeune homme. Elle est si heureuse de ce hasard.

L'INCONNU : Excusez-moi, mais **il est temps que**[2] je me présente : Charles-Henri de Villonge, pour vous servir, madame. J'espère que **vous vous souvenez de moi**[3].

KIMBERLY : Oh oui, bien sûr. Je suis désolée pour ce qui s'est passe sur le bateau. Moi, je m'appelle Kimberly Swanson.

Elle lui **tend la main**[4] et il la prend dans **la sienne**[5]. Elle reste quelques instants sans comprendre. Il lui **fait un baisemain**[6] et Kimberly est flattée par cette attention **inattendue**[7].

CHARLES-HENRI : Si cela ne vous dérange pas, vous permettez que je vous tienne compagnie ?
Kimberly **retire**[8] son sac de la chaise à côté d'elle. Il s'assied et pose un petit sac d'une **marque**[9] de parfum français sur la table.
CHARLE-HENRI : Voilà **ma chère**[10], c'est pour vous.

1/ ne peut pas s'empêcher de sourire : can't help but smile
2/ il est temps que : it's about time that
3/ vous vous souvenez de moi : you remember me
4/ tend la main : extends her hand
5/ la sienne : his (hand)
6/ fait un baisemain : kisses her hand
7/ inattendue : unexpected
8/ retire : removes
9/ (f) marque : brand
10/ ma chère : my dear

CHAPITRE 24

1/ Kimberly **ne s'attendait pas**[1] à une telle surprise. Elle ne sait pas comment **réagir**[2]. Charles-Henri l'encourage à découvrir ce que contient le **sac cadeau**[3]. **Elle en sort une très belle boîte. Elle l'ouvre timidement**[4]. C'est un **flacon**[5] richement décoré.
KIMBERLY : C'est magnifique ! Je ne sais pas quoi dire.
CHARLES-HENRI : En général, **j'ai le nez fin**[6]* avec les femmes. Je sais toujours ce qui leur fait plaisir.
KIMBERLY : Mais **vous n'auriez pas dû**[7]*. Je ne peux pas accepter un aussi beau cadeau.
CHARLES-HENRI : Et pourquoi pas ? Tiens, je parie que vous êtes Américaine. **Avec du caractère**[8] et sexy. Peut-être de New York ou alors Californienne ?
KIMBERLY : Oui, de Los Angeles. C'est si **évident**[9] que je suis Américaine ? Vous m'apprenez quelque chose.
CHARLES-HENRI : Mais non, **je vous fais marcher**[10]*.

1/ ne s'attendait pas : wasn't expecting
2/ réagir : to react
3/ (m) sac cadeau : gift bag
4/ Elle l'ouvre timidement. : She opens it timidly.
5/ (m) flacon : small bottle
6/ j'ai le nez fin* : I'm intuitive
7/ vous n'auriez pas dû* : you really shouldn't have
8/ avec du caractère : with a strong personality
9/ évident : obvious
10/ je vous fais marcher* : I'm pulling your leg

2/ CHARLES-HENRI : **On pourrait vous prendre pour**[1] une vraie Parisienne. Il est certain que vous avez un accent américain, mais pas trop **prononcé**[2]. Mais que faites-vous à Paris ? Vous êtes en vacances ?

KIMBERLY : Oui, mais seulement pour une semaine.

CHARLES-HENRI : **Comme c'est dommage**[3] !

KIMBERLY : Oui, je sais, mais je vais en profiter au maximum.

Une heure plus tard, Kimberly et Charles-Henri **déambulent sur**[4] le boulevard de l'Opéra. Elle ignore la sonnerie de son portable. Elle est **éblouie**[5] par la beauté de ce qu'elle découvre quand ils arrivent dans la cour du Louvre : une magnifique pyramide en verre et en métal. C'est un des **endroits**[6] les plus symboliques de la ville. Malheureusement la pluie vient perturber leur visite, mais Charles-Henri, **très prévoyant**[7], sort un petit **parapluie**[8] de la poche de son **imperméable**[9]. Ils marchent ensemble, **très serrés l'un contre l'autre**[10].

1/ *on pourrait vous prendre pour : you could pass for*

2/ *[accent] prononcé : thick accent*

3/ *Comme c'est dommage ! : That's too bad !*

4/ *déambulent sur : walk along*

5/ *éblouie : dazzled*

6/ *(m) endroits : places*

7/ *très prévoyant : always prepared*

8/ *(m) parapluie : umbrella*

9/ *(m) imperméable : raincoat*

10/ *très serrés l'un contre l'autre : very close to one another*

3/ Kimberly **croit rêver**[1]. Elle se promène à Paris **au bras d'**[2] un vrai Parisien. Elle attend le moment le plus **propice**[3] pour prendre un selfie avec lui. Elle l'enverra à ses copines qui seront **vertes de jalousie**[4*] de la voir avec un jeune homme aussi beau. Charles-Henri et Kimberly essaient de se protéger de la **pluie battante**[5] mais ils sont obligés de se réfugier sous les arcades.

CHARLES-HENRI : Il pleut beaucoup trop. Allons **boire un pot**[6*] dans un café que je connais. Vous savez, avant la

Révolution, toute la **bonne société**[7] venait ici dans des établissements de plaisir, très **en vogue**[8] à l'époque.
KIMBERLY : **Je me doute**[9] que ces endroits **n'existent plus**[10].
Kimberly vient de se rendre compte que sa question peut être interprétée comme une invitation.

1/ croit rêver : feels like she's dreaming
2/ au bras de : arm in arm with
3/ propice : appropriate
4/ vertes de jalousie : green with envy*
5/ (f) pluie battante : heavy rain
6/ boire un pot : get something to drink*
7/ (f) bonne société : high society
8/ en vogue : in vogue
9/ je me doute : I suspect
10/ n'existent plus : no longer exist

CHAPITRE 25

1/ Kimberly est **rassurée**[1] que Charles-Henri n'ait pas entendu ce qu'elle a dit. Pourquoi se met-elle toujours dans des situations aussi embarrassantes ?

CHARLES-HENRI : Mais si, **détrompez-vous**[2], ces clubs existent toujours. Et **si ça vous dit**[3], je peux vous y emmener. J'ai beaucoup d'amis et **de relations influentes**[4].

Kimberly est **rouge comme une pivoine**[5]*et **évite**[6] le regard de Charles-Henri. Elle doit lui montrer qu'elle n'est pas si naïve.

KIMBERLY : Pardon, mais je **plaisantais**[7], vous savez.

CHARLES-HENRI : Mais pas moi. Tiens, **nous avons de la chance**[8]. Il ne pleut plus, alors continuons à nous promener.

Le portable de Kimberly **se remet à sonner**[9]. Qui peut bien insister comme ça ? Cela doit être Julie.

KIMBERLY : Oh mon dieu ! C'est Marcel ! J'aurais dû le **prévenir**[10]. Il doit m'attendre.

1/ rassurée : relieved
2/ détrompez-vous : don't believe it
3/ si ça vous dit :if you feel like it
4/ [beaucoup de] relations influentes : influential contacts
5/ rouge comme une pivoine* : « beet red »
6/ évite : avoids
7/ plaisantais : was kidding
8/ nous avons de la chance : we're lucky
9/ se remet à sonner : starts ringing again
10/ prévenir : to warn

2/ Charles-Henri **lâche**[1] le bras de Kimberly et **s'écarte**[2] un peu. Il paraît distant et lui parle sur un ton froid et détaché. Kimberly s'étonne de ce changement surprenant. Il a l'air agacé.

CHARLES-HENRI : Est-ce que c'est votre petit ami américain qui **vous réclame³** déjà ?

KIMBERLY : Mais pas du tout, ce n'est pas mon petit ami. C'est simplement mon chauffeur que j'ai complètement oublié. C'est mon guide depuis que je suis arrivée à Paris. Il s'inquiète parce qu'il doit venir me chercher pour me reconduire à l'hôtel.

Charles-Henri **retrouve le sourire⁴* et se rapproche d'elle⁵**. Marcel a envoyé quatre **textos⁶** à Kimberly car il **est soucieux⁷** de **ne pas avoir de ses nouvelles⁸**. Elle lui répond pour le rassurer. Charles-Henri et Kimberly reprennent leur promenade sous les galeries. Une boutique d'**antiquités⁹** attire l'attention de Kimberly. **On y vend des montres de collection¹⁰**.

1/ lâche : drops
2/ s'écarte : steps back
3/ vous réclame : is trying to get ahold of you
4/ retrouve le sourire* : smiles again
5/ (il) se rapproche d'elle : (he) draws near to her again
6/ (m) textos : text messages
7/ est soucieux : is worried
8/ ne pas avoir de ses nouvelles : not to have heard from her
9/ (f) antiquités : antiques
10/ on y vend des montres de collection : collectible watches are sold there.

3/ Charles-Henri s'impatiente et tire Kimberly par le bras.

CHARLES-HENRI : Allez, venez, il y a d'autres boutiques plus intéressantes que celle-ci. Il n'y a que de **vieux trucs¹** sans importance **là-dedans²**.

Kimberly ne bouge pas. **Une larme coule³** le long de sa **joue⁴**. Elle l'**essuie⁵** rapidement avec son doigt.

KIMBERLY : Attendez-moi ici. **J'en ai pour une minute⁶***.

CHARLES-HENRI : Bon, je vais en profiter pour **passer un coup de fil⁷***. Ne restez pas trop longtemps.

Kimberly entre dans la bijouterie et voit un homme âgé assis au fond de la boutique. Il l'accueille **avec un large sourire**[8].

L'ANTIQUAIRE[9] : Bonjour madame, comment puis-je vous aider ? Vous désirez voir un modèle en particulier ?

KIMBERLY : Bonjour Monsieur, oui, dans la **vitrine**[10].

1/ (m) vieux trucs : old stuff
2/ là-dedans : in there
3/ une larme coule : a tear runs down
4/ (f) joue : cheek
5/ essuie : wipes
6/ j'en ai pour une minute* : give me a minute
7/ passer un coup de fil* : to make a phone call
8/ avec un large sourire : with a broad smile
9/ (m ou f) antiquaire : antique dealer
10/ (f) vitrine : store window

CHAPITRE 26

1/ KIMBERLY : **Celle-là**[1], dans le coin à droite, s'il vous plaît, la Lord Elgin Chevron Jump Hour. Le visage du vieil homme **s'illumine**[2]. L'ANTIQUAIRE : Je vois que **vous vous y connaissez en**[3]* belles montres, madame. C'est rare. KIMBERLY : Pas vraiment, mais c'est un **souvenir d'enfance**[4]. Mon arrière-grand-père a donné la sienne à un résistant français qui lui a sauvé la vie pendant la **seconde guerre mondiale**[5]. L'antiquaire lui donne la montre. Kimberly en inspecte le dos avec beaucoup d'émotion et de **minutie**[6]. Son cœur bat très vite. L'ANTIQUAIRE : C'est une histoire **émouvante**[7]. **Tenez**[8], regardez comme elle est belle. Nous avons aussi l'**étui**[9]. Un instant, s'il vous plaît. Je reviens tout de suite. Le vieil homme revient peu après et montre une petite boîte **jaunie**[10] à Kimberly.

1/ celle-là : that one
2/ s'illumine : brightens
3/ vous vous y connaissez en* : you're very knowledgeable about
4/ (m) souvenir d'enfance : childhood memory
5/ (f) seconde guerre mondiale : World War II
6/ (f) minutie : attention to detail
7/ émouvante : moving
8/ Tenez : Here you go
9/ (m) étui : case
10/ jaunie : yellowed

2/ KIMBERLY : C'est bien le même modèle, mais il n'y a rien d'écrit au dos. Celle de mon arrière-grand-père avait ses initiales.

Son visage **s'assombrit**[1]. Elle est **déçue**[2] parce qu'elle pensait avoir retrouvé cette montre dont elle avait tellement entendu parler. Elle la cherchait depuis si longtemps.

L'ANTIQUAIRE : **Elle est d'origine**[3], vous savez. Il n'en reste plus beaucoup en circulation. C'est une montre exceptionnelle.

KIMBERLY : **Je n'en doute pas**[4], mais je cherche **spécifiquement**[5] celle qui a appartenu à mon ancêtre.

La **clochette**[6] de la porte retentit. Charles-Henri entre dans la boutique et laisse la porte ouverte.

CHARLES-HENRI : Excusez-moi d'interrompre votre **tête-à-tête**[7], mais je vous attends depuis quinze minutes. Il ne pleut plus alors **on ne va pas moisir ici**[8]*.

KIMBERLY : J'arrive. Je vous remercie, monsieur. **Vous avez été très aimable**[9]. Je vais réfléchir.

L'ANTIQUAIRE : Je vous en prie, madame. Contactez-moi **si vous changez d'avis**[10].

1/ s'assombrit : darkens
2/ déçue : disappointed
3/ elle est d'origine : it's an original
4/ je n'en doute pas : I don't doubt it
5/ spécifiquement : specifically
6/ (f) clochette : small bell
7/ (m) tête-à-tête : a face-to-face conversation
8/ on ne va pas moisir ici. : We can't hang around here.*
9/ Vous avez été très aimable. : You've been very kind.
10/ si vous changez d'avis : if you change your mind

3/ Marcel, qui est assis dans la Mercedes, **ajuste sa cravate**[1] et **se passe un coup de peigne**[2]*. Il regarde sa montre. Kimberly est en retard de plus d'une heure. C'est bizarre. Elle ne l'a jamais fait attendre depuis qu'il la conduit dans tout Paris. Il ouvre un **paquet**[3] de chewing-gum, et met trois **dragées**[4] dans sa bouche, et les **mâche**[5] tranquillement. Il **se redresse**[6] quand il voit arriver Kimberly, et se débarrasse **discrètement**[7] de son chewing-gum dans son mouchoir. Il trouve Kimberly brillante et très belle. Mais **son enthousiasme retombe**[8] quand il voit un homme la tenir par le bras. Charles-Henri **fait la bise**[9]* à Kimberly. Quatre bises en tout. Marcel descend de la voiture et commence à **faire les cent pas**[10]*. Il se demande qui peut bien être cet homme.

1/ ajuste sa cravate : straightens his tie
2/ se passe un coup de peigne* : runs a comb through his hair
3/ (m) paquet : pack
4/ (f) dragées : pieces
5/ mâche : chews
6/ se redresse : straightens up
7/ discrètement : discreetly
8/ son enthousiasme retombe : his enthusiasm falters
9/ fait la bise* : gives a kiss
10/ faire les cent pas* : to pace back and forth

CHAPITRE 27

1/ Marcel **fronce les sourcils**[1]. Il observe Charles-Henri monter dans un taxi pendant que Kimberly reste sur le **trottoir**[2] à **suivre la voiture des yeux**[3]. Marcel ne veut pas qu'elle le voie la surveiller. Il s'assied dans la voiture, **claque**[4] la portière et **baisse**[5] la vitre. Il semble calme, mais **son sang ne fait qu'un tour**[6]*. Kimberly traverse la rue et le rejoint.

KIMBERLY : Bonjour, Marcel. Merci de m'avoir attendue.

Marcel **ressort**[7] de la voiture et lui ouvre la portière arrière. Il a l'air sombre et il **tousse**[8] pour éviter de **la regarder en face**[9]. Kimberly est **perdue dans ses pensées**[10]. Au bout de quelques minutes, elle remarque son silence. C'est étrange.

KIMBERLY : Tout va bien, Marcel ? Vous semblez préoccupé.

MARCEL : Non, ça va. Je fais mon travail, madame.

1/ *fronce les sourcils : frowns*
2/ *(m) trottoir : sidewalk*
3/ *suivre la voiture des yeux : to follow the car with her eyes*
4/ *claque : slams*
5/ *baisse : lowers*
6/ *son sang ne fait qu'un tour* * : *on the inside he's fuming*
7/ *ressort : gets out again* 8/ *tousse : coughs*
9/ *la regarder en face : to look her in the eye*
10/ *perdue dans ses pensées : lost in thought*

2/ Kimberly soupire et essaie de changer l'atmosphère **pesante**[1].

KIMBERLY : Très bien. Où me conduisez-vous alors ?

MARCEL : Aucune idée. Nous irons où vous voulez, madame. **Ce n'est pas moi qui décide**[2]*.

KIMBERLY : Mais enfin, **qu'est-ce qui se passe**[3] aujourd'hui ?

Vous **avez toujours été de bonne humeur**[4]* jusqu'à maintenant.
Vous êtes **déprimé**[5] ? Peut-être que vous travaillez trop.
MARCEL : Non, tout va bien, madame. Un peu stressé, c'est
tout. La circulation devient impossible à Paris.
KIMBERLY : Eh bien, prenez **quelques jours de vacances**[6]. Et
si j'ai dit quelque chose qui vous a **offensé**[7], excusez-moi.
Marcel conduit vite dans les rues de Paris. Les **pneus**[8] de la
berline[9] **crissent**[10] à plusieurs reprises. Kimberly ne comprend
pas l'attitude de Marcel. Pourquoi est-ce qu'il est aussi distant ?

1/ pesante : heavy
2/ Ce n'est pas moi qui décide. : It's not up to me.
3/ Qu'est-ce qui se passe ? : What's going on?
4/ avez toujours été de bonne humeur * : have always been in*
a good mood 5/ déprimé : depressed
6/ quelques jours de vacances : a few days' vacation
7/ offensé : offended
8/ (m) pneus : tires
9/ (f) berline : sedan
10/ crissent : screech

3/ KIMBERLY : Direction l'Île Saint-Louis, s'il vous plaît.
Marcel **desserre**[1] le volant et **ralentit**[2]. Il **se décontracte**[3] un peu.
MARCEL : Oui, bien sûr, madame. **Qui vous en a parlé**[4] ?
KIMBERLY : Un jeune homme adorable que j'ai rencontré hier.
Marcel, énervé, **freine brusquement**[5] et **manque de heurter**[6] la
voiture devant lui. Kimberly est **projetée en avant**[7], mais sa
ceinture de sécurité la retient. Elle pousse un cri.
KIMBERLY : Mais vous êtes fou ! **Faites attention**[8] !
MARCEL : Je suis vraiment désolé. C'est cet idiot devant moi
qui **a pilé**[9] sans prévenir. Je ne pouvais pas faire autrement.
KIMBERLY : Vous **mentez**[10]. C'est vous qui conduisiez trop
vite. Déposez-moi à mon hôtel. Je suis fatiguée de faire de la
voiture. Je veux me reposer en paix à l'hôtel.

1/ desserre : loosens his grip on
2/ ralentit : slows down
3/ se décontracte : relaxes
4/ Qui vous en a parlé ? : Who told you about it?
5/ freine brusquement : brakes suddenly
6/ manque de heurter : almost hits
7/ projetée en avant : thrown forward
8/ Faites attention ! : Watch out!
9/ a pilé : slammed on the brakes
10/ mentez : are lying

CHAPITRE 28

1/ Marcel s'arrête devant l'hôtel de Kimberly et le portier s'empresse d'ouvrir la **portière arrière**[1]. Kimberly sort sans regarder Marcel.

LE PORTIER : Madame, avez-vous des achats à prendre dans le coffre et à faire monter dans votre chambre ?

KIMBERLY : Non, **je n'en ai pas**[2]. Je vous remercie.

Kimberly hésite quelques instants puis **tape**[3] à la **vitre tintée**[4]. Le visage de Marcel apparaît. Il la regarde sans dire un mot.

KIMBERLY : **Venez me chercher vers dix heures**[5] demain matin et **essayez de sourire un peu plus**[6]. Ou alors **je serai obligée de demander**[7] un autre chauffeur. Ce serait regrettable parce que vous pouvez être agréable quand vous voulez.

Marcel **reste silencieux**[8]. Il allume la radio. Kimberly n'insiste pas et **lui tourne le dos**[9]. Il **remonte la vitre**[10] et démarre aussitôt.

1/ (f) portière arrière : rear door
2/ je n'en ai pas : I don't have any
3/ tape : taps
4/ (f) vitre tintée : tinted window
5/ venez me chercher vers dix heures : pick me up around ten o'clock
6/ essayez de sourire un peu plus : try to smile a little more
7/ je serai obligée de demander : I'll have no choice but to ask for
8/ reste silencieux : remains silent
9/ lui tourne le dos : she turns away
10/ remonte la vitre : rolls up his window

2/ Une fois dans le lobby de l'hôtel, Kimberly est heureuse et commence à **chantonner**[1]. **En passant devant**[2] un vase gigantesque de roses, elle choisit une des fleurs **avec soin**[3]. Elle prend son temps pour **respirer**[4] ce parfum si agréable. Rachida l'aperçoit et **la rattrape**[5] aux ascenseurs. Kimberly lui sourit et lui donne la rose. Rachida est très étonnée par ce geste si peu habituel de la part d'une cliente. RACHIDA : Je vous remercie, madame. C'est très gentil. **Tout s'est bien passé aujourd'hui**[6] ?

KIMBERLY : Oui, fantastiquement bien.

RACHIDA : **Nous nous sommes inquiétés pour vous**[7]*.

KIMBERLY : Je suis désolée, mais **il ne faut pas**[8]. Paris **mérite**[9] sa réputation de ville magique. J'ai rencontré **quelqu'un de charmant**[10]. Je suis très heureuse.

RACHIDA : Ah vraiment ? Eh bien, je suis contente pour vous.

KIMBERLY : Oui, et très beau en plus.

1/ chantonner : to hum
2/ en passant devant : as she passes by
3/ avec soin : with care
4/ respirer : to breathe in
5/ la rattrape : catches up with her
6/ Tout s'est bien passé aujourd'hui ? : Did everything go well today?
7/ Nous nous sommes inquiétés pour vous. : We were worried about you*
8/ Il ne faut pas : You shouldn't have.
9/ mérite : deserves
10/ quelqu'un de charmant : someone charming

3/ **Cela fait trois jours**[1] que Kimberly séjourne à Paris. Elle adore admirer le paysage de son balcon dès qu'elle reste dans sa chambre. Elle a déjà visité plusieurs quartiers de cette ville magnifique où elle **se sent vraiment très bien**[2]. Elle vient de s'asseoir sur une **chaise-longue**[3] et **sirote**[4] un smoothie pendant qu'elle **télécharge**[5] les photos que Charles-Henri lui a envoyées sur son téléphone, puis elle les poste sur ses comptes de **réseaux sociaux**[6]. Ils ont passé un après-midi très agréable au Jardin du Luxembourg. Ils ont descendu le boulevard St-Michel et se sont arrêtés pour boire un thé à la terrasse d'un café de la Place St-Sulpice. Elle rêve de passer la soirée avec lui. Mais la sonnerie de son téléphone la **ramène à la réalité**[7]. Elle regarde l'écran et **son cœur fait un bond**[8*]. C'est lui ! Son cœur bat très vite. Elle est ravie qu'il veuille déjà la revoir.

KIMBERLY : Oui, bien sûr, Charles-Henri. 19 heures au bar de l'hôtel. C'est parfait. À tout à l'heure.

Kimberly regarde l'heure. Il est déjà 18h30 alors elle **doit se dépêcher**[9]. Elle n'a qu'une demi-heure **pour se préparer**[10].

1/ cela fait trois jours : it's been three days
2/ se sent vraiment très bien : feels really comfortable
3/ (f) chaise-longue : lounge chair
4/ sirote : sips
5/ télécharge : uploads
6/ (m) réseaux sociaux : social media
7/ ramène Kimberly à la réalité : brings Kimberly back to reality
*8/ son cœur fait un bond * : her heart skips a beat*
9/ doit se dépêcher : needs to hurry
10/ pour se préparer : to get ready

CHAPITRE 29

1/ Assis dans un des fauteuils du bar de l'hôtel de Kimberly, Charles-Henri **s'impatiente**[1]. Il prend la serviette sur la table et l'utilise pour **essuyer méticuleusement**[2] sa montre. Il s'en sert aussi pour faire briller ses chaussures. Le barman l'observe sévèrement. Charles-Henri n'apprécie pas la manière dont cet homme le regarde. Mais cela ne l'empêche pas de continuer à nettoyer ses chaussures. Mais il **s'arrête net**[3*] quand il voit Kimberly qui sort de l'ascenseur. Elle se regarde dans un miroir et marche **d'un pas assuré**[4] vers le bar. **Dès qu'elle arrive**[5] près de Charles-Henri, il **redevient agréable**[6]. Il **se lève**[7] pour l'accueillir et l'invite à s'asseoir à côté de lui.

CHARLES-HENRI : Chère Kimberly, enfin. Je **m'inquiétais**[8].

Il lui fait un baise main et lui tend un bouquet de roses rouges.

KIMBERLY : Pour moi ? **Vous me gâtez**[9*] !

Trois jeunes femmes assises au bar les regardent et **chuchotent**[10].

1/ s'impatiente : is getting impatient
2/ essuyer méticuleusement : to wipe meticulously
3/ s'arrête net : stops immediately*
4/ d'un pas assuré : with a confident stride
5/ dès qu'elle arrive : as soon as she arrives
6/ redevient agréable : becomes pleasant again
7/ se lève : stands up
8/ m'inquiétais : was getting worried
9/ Vous me gâtez ! : You're spoiling me!*
10/ chuchotent : whisper

2/ Charles-Henri **claque des doigts**[1] pour appeler le barman. Tous les autres clients se retournent et **ne quittent pas Charles-**

Henri des yeux[2]. Il semble satisfait de toute l'attention qu'on lui porte. Kimberly **n'oserait jamais faire une chose pareille**[3]. C'est insultant. Kimberly trouve le comportement de Charles-Henri choquant. Elle ne comprend pas son attitude.

KIMBERLY : Vous savez, on ne peut pas faire ça aux États-Unis.

CHARLES-HENRI : Quoi ? **Se faire servir**[4] ?

KIMBERLY : Non, **ce que vous venez de faire**[5] pour appeler le serveur. Ce n'est pas poli du tout.

CHARLES-HENRI : Ah bon ? Eh bien, il est là pour nous servir, non ? Vous êtes vraiment trop **sensible**[6].

Le barman, se sentant **insulté**[7], **fait exprès de prendre son temps**[8] pour les rejoindre. Il déteste les clients arrogants.

CHARLES-HENRI : Ah enfin ! **Apportez-nous**[9] votre meilleur champagne. Et dépêchez-vous !

LE BARMAN : **N'ayez crainte**[10], monsieur. Celui que je vais vous apporter est excellent, mais pas le meilleur. Nous le réservons à des clients privilégiés.

1/ claque des doigts : snaps his fingers
2/ ne quittent pas Charles-Henri des yeux : stare at Charles-Henri
3/ n'oserait jamais faire une chose pareille : would never dare to do such a thing
4/ se faire servir : to get service
5/ ce que vous venez de faire : what you just did
6/ sensible : sensitive
7/ se sentant insulté : feeling insulted
8/ (il) fait exprès de prendre son temps : (he) deliberately takes his time
9/ apportez-nous : bring us
10/ n'ayez crainte : rest assured

3/ CHARLES-HENRI : Ah vraiment ? **Je suis incollable sur**[1] les champagnes. J'ai de la famille dans la région d'Epernay.

LE BARMAN : C'est parfait alors **épatez-moi**[2] !

Le barman est **énervé**[3] par l'attitude arrogante de Charles-Henri. Kimberly ne veut pas que la situation **devienne trop tendue**[4] et décide d'**intervenir**[5] pour **amadouer**[6] le barman.

KIMBERLY : Apportez-nous celui que vous préférez, monsieur.

Le barman sourit à Kimberly, très **reconnaissant**[7] de son aide.

LE BARMAN : Puisque monsieur est un fin connaisseur, je vais donc vous apporter notre meilleure bouteille.

Le barman remercie Kimberly et repart **sans faire attention à**[8] Charles-Henri. Elle soupire parce qu'elle ne veut pas que cet incident **gâche**[9] sa première soirée romantique à Paris.

CHARLES-HENRI : Quelle attitude **désagréable**[10] ce barman !

1/ je suis incollable sur : I know everything there is to know about
2/ épatez-moi : impress me
3/ énervé : irritated
4/ devienne trop tendue : become too tense
5/ intervenir : to intervene
6/ amadouer : to placate
7/ reconnaissant : grateful
8/ sans faire attention à : without paying attention to
9/ gâche · spoil
10/ désagréable : unpleasant

CHAPITRE 30

1/ Un **voiturier**[1] qui conduit une Masérati noire **flambant neuve**[2] s'arrête juste devant Kimberly et Charles-Henri. Charles-Henri **dévisage**[3] Kimberly pour voir quel effet sa voiture de luxe va avoir sur elle. Mais il est déçu quand elle ne lui fait aucune remarque.

CHARLES-HENRI : Je vous présente mon nouveau bébé. Je **me suis lassé de**[4] ma Porsche. Je dois vous avouer que les voitures de sport sont ma faiblesse.

Sans aucune hésitation, Charles-Henri **s'engouffre dans la voiture**[5] en ignorant le voiturier. L'employé ne cache pas son **agacement**[6] et **marmonne**[7] une injure. Kimberly l'entend et prend deux billets de dix euros dans sa poche et chuchote quelque chose à l'oreille du voiturier.

LE VOITURIER : Merci beaucoup madame. Vous êtes généreuse et vous, au moins, vous avez de la classe. Pas comme certains **qui se prennent la grosse tête**[8*].

Le voiturier jette un regard **méprisant**[9] à Charles-Henri qui **klaxonne**[10] d'énervement.

1/ (m) voiturier : valet
2/ flambant neuve : brand new
3/ dévisage : fixes his gaze on
4/ me suis lassé de : got tired of
5/ s'engouffre dans la voiture : jumps into the car
6/ (m) agacement (m) : annoyance
7/ marmonne : mumbles
8/ qui se prennent la grosse tête* : who have an inflated ego
9/ méprisant : contemptuous
10/ klaxonne : honks

2/ Une fois assise dans la voiture, **le sentiment de gêne**[1] que Kimberly a ressenti quelques minutes plus tôt, disparaît. Elle ne veut pas montrer à Charles-Henri que cette voiture luxueuse **lui fait de l'effet**[2*]. Cependant, elle ne peut pas s'empêcher d'être impressionnée parce qu'elle n'est jamais montée dans **une voiture aussi puissante**[3]. Elle **a grandi**[4] dans une **banlieue**[5] modeste de Los Angeles. Elle **a réussi à**[6] payer ses études en travaillant tous les jours. La nuit commence déjà à tomber et la ville des lumières est **plus belle que jamais**[7]. Charles-Henri connaît parfaitement Paris, son histoire, et les personnages célèbres **qui y ont vécu**[8]. Soudain, les **gargouillements**[9] de l'estomac de Kimberly lui rappellent qu'elle a très faim. Elle trouve un **bonbon**[10] dans le fond de son sac et le mange discrètement. Elle mangerait bien des sushis ou des tacos, ses plats préférés à Los Angeles.

1/ le sentiment de gêne : the feeling of embarrassment
2/ lui fait de l'effet* : has an effect on her
3/ une voiture aussi puissante : such a powerful car
4/ a grandi : grew up
5/ (f) banlieue : suburb
6/ a réussi à : managed to
7/ plus belle que jamais : more beautiful than ever
8/ qui y ont vécu : who have lived there
9/ (m) gargouillements : rumbling/gurgling
10/ (m) bonbon : candy

3/ La voiture **remonte**[1] les Champs-Elysées et **fait trois fois le tour de**[2] l'Arc de Triomphe. Kimberly a peur et **a les mains crispées**[3] sur le siège. Toutes les voitures roulent si vite qu'elles s'arrêtent seulement à quelques centimètres les unes des autres. C'est **angoissant**[4] de voir des centaines de voitures **déboucher des**[5] huits boulevards qui convergent vers la place de l'Étoile. Quelques instants plus tard, Charles-Henri se gare devant un restaurant **haut de gamme**[6].

LE MAÎTRE D'HÔTEL : Bonsoir monsieur de Villonge. Nous sommes heureux de vous revoir. Nous vous avons préparé votre table habituelle. Veuillez me suivre, s'il vous plaît. Il les conduit à une table ronde **magnifiquement**[7] décorée. Il y a déjà un **seau à champagne**[8] sur la table. Le maître d'hôtel appelle un serveur qui **tire**[9] une des chaises pour que Kimberly puisse s'asseoir plus facilement.

CHARLES-HENRI : Ma chère Kimberly, vous seriez bien difficile **si ce restaurant ne vous plaisait pas**[10]. Vous savez, c'est très difficile d'obtenir une réservation ici. Il faut attendre des mois pour avoir une table.

1/ remonte : goes up
2/ fait trois fois le tour de : goes three times around
3/ a les mains crispées : is gripping
4/ angoissant : nerve-racking
5/ déboucher des : to come out of
6/ haut de gamme : of the highest category
7/ magnifiquement : magnificently
8/ (m) seau à champagne : champagne bucket
9/ tire : pulls out
10/ si ce restaurant ne vous plaisait pas : if you didn't like this restaurant

CHAPITRE 31

1/ Kimberly aime beaucoup la décoration moderne et **fastueuse**[1] de ce restaurant. Les clients **sont tous sur leur 31**[2*]. Elle les entend parler plusieurs **langues étrangères**[3]. Charles-Henri discute avec le **personnel**[4] et **fait comprendre à Kimberly**[5] que c'est un **habitué**[6] depuis longtemps. Il semble parfaitement à l'aise et sourit à tout le monde. Il se tourne vers elle et murmure d'une voix **séductrice**[7].

CHARLES-HENRI : Il y a beaucoup d'acteurs de cinéma et d'**hommes politiques influents**[8] qui **fréquentent**[9] ce restaurant.
KIMBERLY : Ah bon ? Uniquement ? Il n'y a pas d'actrices ou de femmes politiques influentes qui viennent aussi ici ?
Charles-Henri **ne relève pas**[10] le commentaire sarcastique de Kimberly. Il est persuadé que la jeune femme est déjà amoureuse de lui et qu'elle adore son élégance.

1/ fastueuse : sumptuous
2/ sont tous sur leur 31* : are all dressed to the nines
3/ (f) langues étrangères : foreign languages
4/ (m) personnel : staff
5/ fait comprendre à Kimberly : makes Kimberly understand
6/ (un) habitué : regular customer
7/ séductrice : seductive
8/ hommes politiques influents : influential (male) politicians
9/ fréquentent : patronize
10/ ne relève pas : doesn't pick up on

2/ Une fois installée, Kimberly regarde le contenu de l'assiette qu'elle a devant elle avec inquiétude. Une épaisse **tranche**[1] de foie gras **est disposée**[2] sur des feuilles de salade. Kimberly rappelle le serveur et, d'un air paniqué, pointe son assiette du doigt. Il la regarde d'un air interrogateur.

LE SERVEUR : Madame ?

KIMBERLY : Excusez-moi, mais je n'ai pas commandé ça.

CHARLES-HENRI : Ne vous inquiétez pas. J'ai déjà sélectionné des **spécialités raffinées**[3] de notre cuisine traditionnelle. Vous vous souviendrez de ce repas toute votre vie. Vous me remercierez.

KIMBERLY : Non, je ne crois pas. Il y a certains **aliments**[4] que je ne mange pas. J'ai beaucoup d'allergies.

CHARLES-HENRI : Ah non ! **Faites-moi plaisir**[5]. Vous avez du foie gras de la plus haute qualité dans votre assiette, et non un vulgaire pâté ! S'il vous plaît, ne soyez pas **coincée**[6] et **capricieuse**[7] comme beaucoup d'Américaines. **Goûtez**[8] donc d'abord, je vous en prie.

Kimberly **soupire**[9] et **retient sa respiration**[10].

1/ (f) tranche : slice
2/ est disposée : is arranged
3/ (f) spécialités raffinées : refined delicacies
4/ (m) aliments : foods
5/ Faites-moi plaisir. : Humor me.
6/ coincée : inhibited
7/ capricieuse : capricious
8/ Goûtez ! : Have a taste!
9/ soupire : sighs
10/ retient sa respiration : holds her breath

3/ Kimberly met un morceau de foie gras sur le **bout de sa langue**[1] et **fait immédiatement la grimace**[2]. Charles-Henri ne fait pas attention à elle parce qu'il est trop occupé à flirter avec une serveuse. Kimberly **jette un coup d'œil rapide**[3] autour d'elle, et se débarrasse de ce qu'elle a dans la bouche **en le crachant**[4] dans sa serviette.

CHARLES-HENRI : C'est tout ce que vous mangez ?

KIMBERLY : Oui, **ça me suffit**[5]. J'attends le plat **suivant**[6].
CHARLES-HENRI : Bien. **Il vous faut un peu de courage**[7] et tout ira bien. Faites-moi confiance.
Charles-Henri prend la main de Kimberly. Le fait qu'il soit romantique lui fait oublier son arrogance. Une serveuse leur apporte de nouveaux **couverts**[8] tandis qu'une autre dispose de grandes assiettes devant eux.
CHARLES-HENRI : Parfait. J'attends toujours ce moment avec une grande impatience. Vous avez beaucoup de chance de partager ce plaisir avec moi. Estimez-vous heureuse.
La serveuse enlève les cloches qui **recouvrent**[9] les assiettes. Kimberly reste **sans voix**[10*].

1/ le bout de sa langue : tip of her tongue
2/ fait immédiatement la grimace : immediately grimaces
3/ jette un coup d'oeil rapide : glances quickly
4/ en le crachant : spitting it out
5/ ça me suffit : that's enough for me
6/ suivant : next
7/ Il vous faut un peu de courage : You need to show some courage
8/ (m) les couverts : eating utensils
9/ recouvrent : cover
10/ sans voix : speechless*

CHAPITRE 32

1/ Une serveuse **a pitié de**[1] Kimberly parce qu'elle a vu ce que la jeune Américaine a fait. **Ne sachant pas quoi faire avec**[2] sa serviette, Kimberly la jette sous la table. La serveuse vient la ramasser discrètement et lui en redonne une qu'elle tire de la poche de son tablier. Puis elle se penche au-dessus de l'épaule de Kimberly pour lui chuchoter quelque chose à l'oreille. Elle parle anglais avec un accent britannique.

LA SERVEUSE : *These are kidneys, my dear. Veal kidneys, I might add. The chef signature dish.*

Kimberly la regarde, choquée. Elle regarde son assiette avec appréhension. L'idée de manger des **abats**[3] **lui donne la nausée**[4].

CHARLES-HENRI : **Ne faites pas cette tête-là**[5]*. Ce sont des **rognons**[6] avec une sauce au Madère. C'est la grande spécialité de la maison et **c'est un vrai régal**[7]*.

Kimberly **pique**[8] sa fourchette dans un des rognons et **la retire**[9]. Charles-Henri a déjà la bouche pleine et **se délecte en silence**[10]. Rien ne pourrait troubler sa dégustation.

1/ a pitié de : feels sorry for
2/ Ne sachant pas quoi faire avec : Not knowing what to do with
3/ (m) abats : meat byproducts, such as kidney, lung, tripe, etc.
4/ lui donne la nausée : makes her nauseous
5/ Ne faites pas cette tête-là. : Don't make a face like that.*
6/ (m) rognons : kidneys
7/ c'est un vrai régal : it's a real treat.*
8/ pique : pokes
9/ la retire : pulls it out
10/ se délecte en silence : enjoys silently

2/ Kimberly met un petit morceau de la viande suspecte sous ses **narines**[1]. L'odeur lui **retourne**[2] l'estomac et elle le **repose**[3] dans son assiette. Charles-Henri **lève les yeux au ciel**[4*].

CHARLES-HENRI : Vous devriez être plus **ouverte d'esprit**[5], ma chère. Si vous voulez apprécier la culture française, vous devez en comprendre toutes les richesses et les subtilités.

Charles-Henri, dont l'assiette est déjà vide, **convoite**[6] le contenu de celle de Kimberly. Soudain, il la lui prend, la pose devant lui et mange les rognons. Elle est surprise de ce geste si peu délicat.

CHARLES-HENRI : Vous êtes bien difficile, mais **cela ne m'étonne pas**[7]. **On m'a toujours dit**[8] que les Américaines étaient **tatillonnes**[9]. Tant pis pour vous.

Kimberly commence à regretter son **coup de foudre**[10*] pour le beau Parisien. Elle attire l'attention de la serveuse anglaise.

1/ (f) narines : nostrils
2/ retourne : turns
3/ repose : puts it back
4/ lève les yeux au ciel* : rolls his eyes
5/ ouverte d'esprit : open-minded
6/ convoite : covets
7/ cela ne m'étonne pas : it doesn't surprise me
8/ on m'a toujours dit : I was always told
9/ tatillonnes : picky
10/ (m) coup de foudre* : love at first sight

3/ Cinq minutes plus tard, une immense assiette arrive devant Kimberly avec deux **œufs durs**[1], des **quartiers d'avocats**[2], des **cœurs de palmiers**[3], du maïs, des tomates, du **blanc de poulet**[4] et beaucoup de salade verte. Charles-Henri regarde l'assiette de Kimberly avec **dédain**[5]. Il soupire.

CHARLES-HENRI : Allez, je vais vous commander une crêpe au chocolat **pour vous remettre de vos émotions**[6*]. Je vois que vos goûts sont assez limités. Quel dommage !

Kimberly est déçue que Charles-Henri **se moque d'elle**[7], mais elle est **soulagée**[8] que le repas soit terminé. Elle doit lui montrer qu'elle est plus sophistiquée qu'il ne le pense. Elle **avait entendu dire**[9] que les Français étaient parfois condescendants, et l'attitude de Charles-Henri lui en donnait un bel exemple. Tout ce qu'elle désirait maintenant était de retourner dans sa chambre d'hôtel, de prendre un bain chaud, et de **se blottir**[10] dans son grand lit. Elle voulait oublier cette soirée décevante.

1/ (m) œufs durs : hard boiled eggs
2/ (m) quartiers d'avocats : avocado wedges
3/ (m) cœurs de palmiers : palm hearts
4/ (m) blanc de poulet : chicken breast
5/ (m) dédain : disdain
6/ pour vous remettre de vos émotions* : to regain your composure
7/ se moque d'elle : makes fun of her
8/ soulagée : relieved
9/ avait entendu dire : had heard
10/ se blottir : to cuddle up

CHAPITRE 33

1/ Au moment où Kimberly **s'apprête à**[1] dire à Charles-Henri qu'elle veut rentrer à l'hôtel, il lui présente un sac cadeau avec un foulard à l'intérieur. Elle **se sent coupable**[2] d'avoir eu toutes ces mauvaises pensées envers lui. Un violoniste fait irruption à leur table et joue de la musique tzigane. Kimberly est surprise. Le serveur leur apporte un assortiment de pâtisseries appétissantes : un éclair au chocolat, une tartelette au citron, un baba au rhum et une crème brûlée. Une fois leur dîner terminé, ils sortent du restaurant et récupèrent la voiture.

CHARLES-HENRI : Je sais que vous n'avez pas aimé ce restaurant. Allez, pour me faire **pardonner**[3], **je vous emmène**[4] dans un club **branché**[5]**. Vous verrez, c'est un endroit génial.

Charles-Henri **frime**[6]** avec sa voiture **décapotable**[7]. Les voilà **les cheveux au vent**[8]. Il **fait ronfler le moteur**[9] de sa voiture. Kimberly **retombe**[10] sous le charme du jeune homme. Charles-Henri se gare devant l'entrée de la boîte de nuit.

1/ s'apprête à : is getting ready to
2/ se sent coupable : feels guilty
3/ pardonner : to forgive
4/ je vous emmène : I'm taking you
*5/ branché** : trendy 6/ frime** : shows off*
7/ décapotable : convertible
8/ les cheveux au vent : their hair in the wind
9/ fait ronfler le moteur (m) : revs the engine
10/ retombe : falls back

2/ Ils descendent de la voiture et Charles-Henri laisse les clés à un voiturier. Beaucoup de gens font la queue sur le trottoir. Deux **videurs**[1] gigantesques bloquent l'entrée du club. Charles-Henri prend la main de Kimberly en marchant d'un pas assuré vers l'entrée. Ils **dépassent**[2] **tous les gens qui s'impatientent**[3].

KIMBERLY : Mais Charles-Henri, où allez-vous ? **On ne peut pas passer devant tout le monde**[4].

Charles-Henri est **confiant**[5] et continue à marcher en direction de l'entrée. Rien ni personne ne semble pouvoir l'arrêter.

UN JEUNE HOMME : Eh ! Le couple à la Masérati ! Nous sommes tous arrivés avant vous et **cela fait une heure**[6] que nous attendons. **Faites la queue comme tout le monde**[7] !

LE VIDEUR #1 : Monsieur, **calmez-vous**[8], **sinon**[9] on ne va pas vous laisser entrer. Chacun son tour.

LE JEUNE HOMME : C'est **dégueulasse**[10**] ! Ils se prennent pour qui, ces deux-là ?

1/ (m) videurs : bouncers
2/ dépassent : bypass
3/ tous les gens qui s'impatientent : all the people who are waiting impatiently
4/ On ne peut pas passer devant tout le monde. : We can't skip the line.
5/ confiant : confident
6/ cela fait une heure : it's been an hour
7/ Faites la queue comme tout le monde : Wait in line like everybody else
8/ calmez-vous : calm down
9/ sinon : otherwise
*10/ dégueulasse** : disgusting/not fair*

3/ Charles-Henri et Kimberly **font face**[1] aux deux Hercules. Kimberly n'ose pas regarder ces deux hommes imposants dans les yeux. Charles-Henri discute pendant quelques minutes avec eux et leur montre son invitation sur son portable. Les deux pitbulls humains **grognent**[2], mais leur ouvrent finalement les portes. Ils entendent des **sifflements**[3] derrière eux. Un des deux videurs s'approche des mécontents.

LE VIDEUR #2 : Eh vous, là-bas ! C'est nous qui décidons. **Si vous n'êtes pas contents[4], dégagez[5]**** ! On n'a pas besoin de **zonards[6]**** comme vous ici et on a assez de travail.

Une fois à l'intérieur, le club est **plein de monde[7]**. Charles-Henri et Kimberly ont du mal à passer entre la **foule[8]**. La fumée qui sort de la **machine à brouillard[9]** forme des nuages qui planent au-dessus de la piste de danse. La musique est **assourdissante[10]**. Kimberly n'entend rien de ce que lui dit Charles-Henri. Ils arrivent après beaucoup d'efforts dans un salon privé au premier étage. Ils peuvent voir tout ce qui se passe sur la piste de danse. Des centaines de personnes dansent et s'amusent.

1/ font face : confront
2/ grognent : grunt
3/ (m) sifflements : whistles
4/ si vous n'êtes pas contents : if you're not happy
5/ dégagez** : get out of here
6/ zonards** : losers
7/ plein de monde : full of people
8/ (f) foule : crowd
9/ (f) machine à brouillard : fog machine
10/ assourdissante : deafening

CHAPITRE 34

1/ CHARLES-HENRI : C'est **top**[1]* ici. Quelle ambiance ! C'est le meilleur club de Paris. Vous allez adorer mes **potes**[2]. Ce sont de bons copains, mais je dois reconnaître qu'ils aiment **faire leur intéressant**[3]* devant les belles étrangères. Ça les fait fantasmer. Kimberly répond évasivement sans bien comprendre parce qu'il y a **trop de bruit**[4]. Elle n'a jamais aimé sortir pour **draguer**[5]** parce qu'elle est trop timide. Ses amies veulent toujours **l'entraîner**[6] dans des clubs le samedi soir. Kimberly préfère rester chez elle à regarder une comédie romantique à la télé **en mangeant**[7] **de la glace au chocolat**[8]. Mais **rester cloîtrée**[9] chez elle ne va pas l'aider à trouver l'amour. Tout à coup, trois belles jeunes femmes embrassent Charles-Henri. Kimberly attend derrière lui et ne sait pas comment réagir. Elle est persuadée que ce sont toutes ses **anciennes petites amies**[10]. Elles sont belles et sophistiquées et Kimberly se sent un peu complexée.

inhibited

1/ C'est top : It's awesome*
2/ (m) potes : buddies
3/ faire leur intéressant : to show off*
4/ trop de bruit : too much noise
*5/ draguer** : to pick up guys/girls*
6/ l'entraîner : to drag her along
7/ en mangeant : while eating
8/ de la glace au chocolat : chocolate ice cream
9/ rester cloîtrée : to shut herself in
10/ anciennes petites amies : ex-girlfriends

2/ CHARLES-HENRI : Bonsoir mes **chéries**[1]. Il va falloir calmer votre enthousiasme ce soir parce que je ne suis pas venu seul. Regardez ! Je suis **accompagné**[2] d'une Californienne très **avenante**[3]. On va lui montrer **comment les Parisiens font la fête**[4] ! Il n'y a pas qu'en Californie qu'on sait s'amuser. Plusieurs jeunes gens se lèvent et s'approchent de Kimberly. Elle tend la main au premier jeune homme. Mais **en un rien de temps**[5], il est contre elle et veut l'embrasser sur la bouche. Kimberly, surprise, recule et regarde Charles-Henri. Elle espère qu'il dira à ses amis de **référer leurs ardeurs**[6*]. Elle n'a pas l'habitude d'un contact physique si direct.

CHARLES-HENRI : Eh ! **Doucement là**[7*] ! Elle est avec moi.

Charles-Henri fait asseoir Kimberly[8] près de lui. Il lui sert du champagne et ils disent en même temps : « **À ta santé**[9] ! ». Avant de boire, Kimberly regarde les petites **bulles**[10] de champagne dans son verre. Elles sont si délicates et si brillantes.

1/ chéries : darlings
2/ accompagné : accompanied
3/ avenante : appealing
4/ comment les Parisiens font la fête : how Parisians like to party
5/ en un rien de temps : in a split second*
6/ référer leurs ardeurs : to « cool it »*
7/ Doucement là ! : Slow down!*
8/ Charles-Henri fait asseoir Kimberly : Charles-Henri seats Kimberly
9/ À ta santé ! : Cheers!
10/ (f) bulles : bubbles

3/ D'autres copains et copines de Charles-Henri **se succèdent**[1] et viennent **retrouver**[2] ce joyeux groupe d'amis **tout au long de la soirée**[3]. De nouvelles bouteilles de champagne **fraîches à souhait**[4], apparaissent sur leur table. Kimberly n'a jamais bu autant de champagne de sa vie. Elle avale les coupes de cette **boisson**[5] délicieuse les unes après les autres. On y a ajouté du jus d'orange et elle a l'impression de boire du soda. Mais une heure plus tard, les effets de l'alcool se font ressentir. Tout le club **applaudit**[6] Kimberly qui **brille**[7] au milieu de la piste de danse. Kimberly **se croit**[8] dans une comédie musicale Hollywoodienne. En plus, le DJ joue toutes les chansons qu'elle adore. Elle a tellement soif qu'elle attrape une bouteille et **boit au goulot**[9]. Quelques minutes plus tard, elle se sent si sûre d'elle qu'elle attrape Charles-Henri par la chemise et l'embrasse fougueusement sur la bouche. **Elle a la tête qui tourne**[10] et elle ne sait pas si c'est à cause du champagne ou de son désir pour Charles-Henri mais cela lui est égal.

1/ se succèdent : arrive one after the other
2/ retrouver : to join
3/ tout au long de la soirée : throughout the evening
4/ fraîches à souhait : perfectly chilled
5/ (f) boisson : beverage
6/ applaudit : applauds
7/ brille : shines
8/ se croit : pictures herself
9/ boit au goulot : drinks from the bottle
10/ a la tête qui tourne : feels dizzy

CHAPITRE 35

1/ La sonnerie d'un téléphone **arrache**[1] Kimberly d'un sommeil **profond**[2]. Elle **peine à**[3] ouvrir les yeux. Une douleur à la tête lui rappelle ses excès de **la nuit précédente**[4]. Elle se redresse du sofa sur lequel elle est allongée, et panique quand elle ne reconnaît pas le décor de sa chambre d'hôtel. Elle cherche son sac à main. Il n'est pas à côté d'elle. Elle retourne les coussins du sofa, mais il est nulle part. Elle **n'a aucune idée de**[5] l'endroit où elle a pu le laisser. Elle se lève doucement, mais se sent prise d'un étourdissement. Elle se rassied aussitôt parce qu'elle a peur de **s'évanouir**[6]. Il y a des bouteilles et des verres partout. Elle regarde sa montre. Il est cinq heures du matin. Des souvenirs vagues **lui reviennent**[7] petit à petit : ses **baisers**[8] avec Charles-Henri, la musique **lancinante**[9], les **rires**[10] et les derniers pas de danse dans la rue. Et puis, elle ne se souvient plus de rien.

> 1/ *arrache : tears*
> 2/ *profond : deep*
> 3/ *peine à : has a hard time*
> 4/ *la nuit précédente : the night before*
> 5/ *n'a aucune idée de : has no idea of*
> 6/ *s'évanouir : to faint*
> 7/ *lui reviennent : come back to her*
> 8/ *(m) baisers : kisses*
> 9/ *lancinante : pounding*
> 10/ *(m) rires : laughter*

2/ Kimberly a envie de pleurer parce qu'elle n'est pas fière du **comportement**[1] qu'elle a eu la veille. Elle parle maintenant à voix haute et se félicite avec sarcasme de son **soi-disant**[2] contrôle et de sa timidité. En plus, elle se demande ce qu'elle a bien pu faire de son **sacré sac à main**[3]**. Elle évite de **marcher sur**[4] les gens qui dorment par terre. L'appartement est immense. Elle ouvre toutes les portes qu'elle trouve fermées. Il y a au moins une vingtaine de pièces. Dans plusieurs chambres, des couples dorment **nus**[5], certains **sur la moquette**[6] et d'autres sur les lits. Finalement, elle est heureuse de retrouver son sac et son portefeuille sous un **soutien-gorge**[7] et une **paire de collants**[8]. Mais son portable **reste introuvable**[9]. Soudain elle aperçoit l'étui en cuir de son téléphone. Malheureusement, l'écran **est fêlé**[10] et elle a peur que son portable ne fonctionne plus. Qu'est-ce qu'elle va faire si elle ne peut pas joindre Marcel ?

1/ (m) comportement : behavior
2/ soi-disant : so-called
*3/ son sacré sac à main** : "her damned purse"*
4/ marcher sur : to step on
5/ nus : naked
6/ sur la moquette : on the carpet
7/ (m) soutien-gorge : bra
8/ (f) paire de collants : pair of tights
9/ reste introuvable : is nowhere to be found
10/ est fêlé : is craked

3/ Miracle ! Son portable **marche encore**[1]. Mais dès qu'elle appelle Marcel, le signal que la batterie est presque **épuisée**[2], **retentit**[3]. Elle marche nerveusement, très inquiète.
KIMBERLY : Ah non ! Non ! **Ce n'est pas le moment**[4]* !
Elle **prie**[5] pour que la batterie **ne s'éteigne pas**[6] avant la fin de son **appel**[7]. Elle est paniquée.
Marcel est installé au comptoir d'un café au moment où Kimberly l'appelle. Il vient de commander un expresso.
KIMBERLY : Marcel ! Répondez, s'il vous plaît ! Allô ? Allô ?
Marcel décroche dès qu'il reconnaît le numéro de Kimberly.

MARCEL : Madame Swanson ? Je vous entends très mal.
KIMBERLY : C'est moi. **Aidez-moi[8]**. **Je suis complètement perdue[9]** ! Venez me chercher, s'il vous plaît.
MARCEL : Quoi ? La connexion est très mauvaise... Je vous entends très mal. Dites-moi où vous êtes.
KIMBERLY : Dans un appartement mais je ne sais pas où.
Elle essaie **sans succès[10]** de distinguer le nom de la rue en regardant par la fenêtre, mais elle ne voit rien.

1/ *marche encore : still works*
2/ *épuisée : exhausted/dead (battery)*
3/ *retentit : sounds*
4/ *Ce n'est pas le moment* ! : This can't be happening now!*
5/ *prie : prays*
6/ *ne s'éteigne pas : does not shut off* 7/ *(m) appel : call*
8/ *Aidez-moi : Help me.*
9/ *Je suis complètement perdue ! : I'm totally lost !*
10/ *sans succès : unsuccessfully*

CHAPITRE 36

1/ Au moment où Kimberly passe à côté d'un sofa, l'homme qui est allongé dessus lui tape la jambe.

UN INCONNU : Eh, toi, **Ferme-là[1]* ou casse-toi[2]*** !

KIMBERLY : Désolée, mais quelle est l'adresse de cet appartement, s'il vous plaît ? Je dois partir d'ici tout de suite.

L'inconnu **lui tourne le dos[3]** et **se rendort[4] en ronflant[5]**.

KIMBERLY : Oh non ! Monsieur ! Monsieur ! Aidez-moi, je vous prie. Réveillez-vous, s'il vous plaît ! Marcel, je...

Le signal de la batterie déchargée **s'affiche[6]** sur l'écran et leur communication se coupe. Kimberly ne sait plus quoi faire.

KIMBERLY : Oh non ! Non ! Pas maintenant !

MARCEL : Allô ? Allô ? Madame Swanson, vous m'entendez ?

Marcel raccroche. Le patron du café et les autres clients le regardent d'un air inquiet. Marcel **avale[7]** son expresso, et repose **bruyamment[8]** la tasse sur la **soucoupe[9]** devant lui. Il sort un billet de dix euros de sa poche, le jette sur le comptoir, et sort **précipitamment[10]** du café.

1/ Ferme-là* ! : Shut up!
2/ casse-toi* : get out of here
3/ lui tourne le dos : he turns his back to her
4/ se rendort : goes back to sleep
5/ en ronflant : snoring
6/ s'affiche : flashes
7/ avale : swallows
8/ bruyamment : noisily
9/ (f) soucoupe : saucer
10/ précipitamment : hastily

2/ Marcel est assis dans sa voiture et rappelle le numéro de Kimberly **plusieurs fois de suite**[1]. Mais il n'y arrive pas car il n'y a aucune connexion.

MARCEL : **Ça ne passe pas**[2]**. Quelle connexion pourrie ! Malgré tous ses efforts, il tombe sur la **messagerie**[3] de Kimberly qui se déclenche à chaque fois. Il est très nerveux et frustré. MARCEL : **Ça ne m'étonnerait pas**[4] que sa batterie soit **déchargée**[5]. **Il faut absolument que je la localise**[6]. Mais **dans quelle galère elle s'est mise**[7] ? J'aurais dû la suivre hier soir. Marcel appelle Rachida **au cas où**[8] Kimberly l'aurait contactée avant lui. Il est maintenant très inquiet.

MARCEL : Allô ? Rachida ? C'est Marcel. Madame Swanson vient de m'appeler, mais elle est incapable de me dire où elle est. **Rappelle-moi**[9] si elle te contacte, d'accord ? Sinon, **je vais me débrouiller**[10]. Salut et à plus tard.

1/ plusieurs fois de suite : several times in a row
*2/ Ça ne passe pas** : [the call] is not going through*
3/ (f) messagerie : voicemail
4/ ça ne m'étonnerait pas : it wouldn't surprise me
5/ déchargée : dead
*6/ Il faut absolument que je la localise**. : I absolutely have to find her.*
*7/ Dans quelle galère elle s'est mise ** ? : What kind of problem has she gotten herself into?*
8/ au cas où : just in case
9/ rappelle-moi : call me back
10/ Je vais me débrouiller. : I'll manage.

3/ Kimberly **s'en veut**[1] d'avoir été aussi naïve et stupide. Elle sait très bien qu'elle ne tolère pas beaucoup l'alcool. Elle pensait, à tort, qu'avec le champagne, ce serait différent. Elle **a la nausée**[2] et veut rentrer à son hôtel **à tout prix**[3]. Elle entre dans une salle de bains et se regarde dans la glace. Elle découvre qu'elle a trois **suçons**[4] dans le cou. Elle **s'asperge de l'eau sur la figure**[5]. Le foulard que lui avait offert Charles-Henri et qu'elle avait mis **dans le fond**[6] de son sac va lui être très utile. Elle **se peigne**[7] et **se fait une queue de cheval**[8]. Elle met sa veste et **noue**[9] son foulard. Julie va se moquer d'elle **quand elle sera au courant**[10]* de ce qui lui est arrivé. Quelques minutes plus tard, elle sort de l'appartement et voit Marcel qui l'attend.

1/ s'en veut : is mad at herself
2/ a la nausée : feels nauseous
3/ à tout prix : at any cost
4/ (m) suçons : hickeys
5/ s'asperge de l'eau sur la figure : splashes water on her face
6/ dans le fond : at the bottom of
7/ se peigne : combs her hair
8/ se fait une queue de cheval : ties her hair in a pony tail
9/ noue : ties
10/ quand elle sera au courant : when she hears about it*

CHAPITRE 37

1/ Rachida frappe à la porte de Kimberly. **Pas de réponse**[1]. Elle recommence mais Kimberly ne répond toujours pas. Elle décide d'entrer avec son passe-partout. Le garçon d'étage, qui se tient derrière elle, pousse un chariot jusqu'au milieu du salon à côté d'une grande table en verre. L'employé **met le couvert**[2]. Il dépose un **panier**[3] de fruits et plusieurs assiettes avec des **œufs mollets**[4], de la **charcuterie**[5], des pommes de terre sautées, des petits pains au chocolat **croustillants**[6], ainsi qu'un thermos de café. Il **remplit**[7] une tasse et la laisse sur la table. Il sort quelques instants plus tard. Rachida va dans la chambre et trouve Kimberly qui **dort encore à poings fermés**[8*]. Rachida s'approche du lit et l'appelle d'une voix **douce**[9]. Kimberly respire tranquillement, mais au moment où Rachida s'éloigne, Kimberly l'entend et ouvre les yeux.

RACHIDA : Bonjour Madame Swanson. **J'espère que vous n'êtes pas malade**[10] au moins ? J'étais inquiète.

1/ Pas de réponse. : No one answers.
2/ met le couvert : sets the table
3/ (m) panier : basket
4/ (m) œufs mollets : soft-boiled eggs
5/ (f) charcuterie : cold cuts
6/ croustillants : crispy
7/ remplit : fills
8/ dort encore à poings fermés * *: is still sleeping like a log*
9/ douce : soft
10/ J'espère que vous n'êtes pas malade ? : I hope you're not sick

2/ Kimberly **semble tomber des nues**[1]*. Elle s'essuie les yeux et regarde Rachida sans comprendre.

KIMBERLY : Rachida, qu'est-ce qui se passe ? Pourquoi êtes-vous dans ma chambre ? J'avais pourtant mis la **pancarte « ne pas déranger**[2] **»** à la **poignée de la porte**[3].

RACHIDA : Oui, c'est vrai, excusez-moi, mais quand Marcel vous a ramenée hier soir, nous étions très inquiets pour vous. Vous aviez l'air malade et nous avons eu peur que vous **fassiez un malaise**[4]. Vous sembliez perdue et vous n'avez pas voulu qu'on vous accompagne à votre chambre. Alors quand vous n'avez pas commandé votre petit-déjeuner ce matin, j'ai voulu m'assurer que tout allait bien.

KIMBERLY : Mais **rien ne m'est arrivé**[5], vous voyez. Par contre **j'ai très mal à la tête**[6] et j'ai des **courbatures**[7] !

RACHIDA : Vous voulez un **cachet**[8] d'aspirine ?

KIMBERLY : Oh oui, merci beaucoup. Je crois que **j'ai la gueule de bois**[9]**et je suis affamée**[10].

RACHIDA : Votre petit-déjeuner vous attend dans le salon.

KIMBERLY : Merci Rachida. Vous êtes incroyable !

1/ semble tomber des nues * : appears bewildered
2/ (f) pancarte « ne pas déranger » : *"do not disturb"* sign
3/ (f) poignée de la porte : doorknob
4/ fassiez un malaise : faint
5/ rien ne m'est arrivé : nothing has happened to me
6/ j'ai très mal à la tête : I have a terrible headache
7/ (f) courbatures : sore muscles
8/ (m) cachet : tablet
9/ j'ai la gueule de bois ** : I have a hangover
10/ je suis affamée : I'm famished

3/ Une sonnerie de téléphone vient interrompre leur conversation. Rachida s'éloigne pour répondre.

RACHIDA : Excusez-moi, c'est mon **patron**[1].

110

KIMBERLY : Oui, je vous en prie. Je vous appellerai si j'ai besoin de **quoi que ce soit²**. Je vous remercie pour tout.

Kimberly allume la télé **tout en dégustant³** son petit-déjeuner. Elle regarde les chaînes américaines et quelques instants plus tard, elle **tombe sur⁴** une chaîne qui **retransmet⁵** les **défilés⁶** de mode qui **se passent⁷** à Paris. Des top models se présentent les uns après les autres d'un air distrait. Kimberly est fascinée par la créativité de la mode française. Bien qu'elle n'ait plus vraiment faim, elle décide pourtant de **tartiner un croissant de confiture de fraises⁸** et le mange avec grand plaisir. C'est maintenant le tour du défilé masculin d'un **grand couturier⁹**. Tout à coup, en regardant les hommes qui marchent sur le podium, **elle n'en croit pas ses yeux¹⁰***.

1/ (m) patron : boss
2/ quoi que ce soit : anything/whatever it is
3/ tout en dégustant : while enjoying
4/ tombe sur : comes across
5/ retransmet : broadcasts
6/ (m) défilés : fashion shows
7/ se passent : take place
8/ tartine un croissant de confiture de fraises : spreads strawberry jam on a croissant
9/ (m) grand couturier : top fashion designer
10/ elle n'en croit pas ses yeux : she can't believe her eyes*

CHAPITRE 38

1/ Kimberly augmente le volume pour mieux entendre les commentaires sur le défilé qui se déroule à ce moment-là.
LA COMMENTATRICE : Et voici un modèle **estival**[1] : un costume **en lin**[2] **dernière tendance**[3]. **Ce modèle se décline en couleurs printanières ou hivernales**[4]. **La veste est assortie au pantalon**[5]. **La coupe**[6] reflète l'élégance des années soixante.
KIMBERLY : Je dois rêver ! Ce n'est pas possible !
Kimberly **bondit**[7] sur la **télécommande**[8] et zoome sur le fond du podium, mais le **mannequin**[9] marche très vite et elle n'est pas sûre de le reconnaître. Elle **se plante devant la télé**[10]*. Son cœur palpite. L'homme ressemble à Théo, son compagnon de voyage. Elle est si heureuse qu'il soit encore à Paris.

1/ estival : summer
2/ en lin : made of linen
3/ dernière tendance : latest trend
4/ Ce modèle se décline en couleurs printanières ou hivernales. : This model is offered in both spring and winter colors.
5/ La veste est assortie au pantalon. : The jacket matches the pants.
6/ la coupe : the cut (of an article of clothing)
7/ bondit : leaps 8/ (f) télécommande : remote control
9/ (m) mannequin : fashion model
10/ se plante devant la télé* : stands right in front of the TV

2/ Kimberly prend le dernier croissant qui reste dans le **panier**[1].
KIMBERLY : Oh mon Dieu ! **Faites-le revenir**[2] !
Elle **se ressert du café**[3] sans quitter l'écran des yeux. Le retrouver, et peut-être vivre une histoire d'amour avec lui serait un signe du destin. Théo avait été si **attentionné**[4] avec elle, et en

plus, il vient de Californie, comme elle. Mais son portable **la rappelle à l'ordre⁵***. C'est Charles-Henri qui l'appelle. Elle l'ignore. Elle aperçoit la silhouette du même homme sur l'écran. Ça y est ! **Le revoilà⁶** ! Oui, c'est Théo ! Il est si beau ! Kimberly **tombe presque dans les pommes⁷***. La caméra doit lire les **pensées⁸** de Kimberly parce qu'elle **s'attarde⁹** longuement sur le visage de Théo. Kimberly ne sait pas quoi faire : se calmer ou **prendre un risque fou¹⁰***. Elle regarde l'écran encore une fois, saisit le téléphone, et compose le numéro de la réception.

1/ (m) panier : basket
2/ Faites-le revenir : Make him come back
3/ se ressert du café : pours herself some more coffee
4/ attentionné : attentive
5/ la rappelle à l'ordre : brings her back to reality*
6/ Le revoilà ! : There he is again!
7/ tombe presque dans les pommes : almost faints*
8/ (f) pensées : thoughts
9/ s'attarde : lingers
10/ prendre un risque fou : to take a crazy risk*

3/ KIMBERLY : Allo ? Rachida ? J'ai besoin de votre aide. Je suis en train de regarder un défilé de mode à la télé. Je viens de voir quelqu'un que je connais. Il est mannequin et j'aimerais bien le contacter. Vous pouvez m'aider ?
RACHIDA : D'accord, je vais appeler ma cousine. Elle est journaliste de mode et elle connaît tout le monde. Envoyez-moi un texto avec le nom de la personne que vous recherchez.
KIMBERLY : Merci ! **Vous êtes géniale¹** !
Kimberly termine son petit-déjeuner et sort se promener **dans le quartier²**. Une heure plus tard, elle rentre pour se préparer pour la soirée. Elle **fouille³** dans sa valise pour trouver sa **tenue⁴** la plus élégante. La robe noire qu'elle a choisie est **éblouissante⁵**. Elle hésite entre deux parfums : le premier, sensuel et délicat, et le deuxième, **épicé⁶** et **envoûtant⁷**. Elle porte des **talons**

aiguilles[8] **que toutes ses copines lui envieraient**[9]. Elle est heureuse du résultat. Elle n'a jamais autant fait attention à son apparence que depuis son arrivée à Paris. Mais **le jeu en vaut la chandelle**[10]*. Cette fois-ci, Kimberly se sent plus sûre d'elle.

KIMBERLY : Terminé Charles-Henri. Bonjour Théo !

1/ Vous êtes géniale ! : You're fantastic !
2/ dans le quartier : in the neighborhood
3/ fouille : goes through
4/ (f) tenue : outfit
5/ éblouissante : dazzling
6/ épicé : spicy
7/ envoûtant : bewitching
8/ (m) talons aiguilles : stilettos
9/ que toutes ses copines lui envieraient : that would make all her friends jealous
10/ le jeu en vaut la chandelle : it's worth the trouble*

CHAPITRE 39

1/ Marcel est en train de **bavarder**[1] avec le portier quand il voit Kimberly sortir **à toute vitesse**[2] de l'hôtel. **Il se met au garde à vous en souriant**[3] quand elle arrive à côté de lui.

KIMBERLY : Vite ! **Je suis pressée**[4] ! **Pas de temps à perdre**[5]*.

Marcel est très surpris par l'attitude de Kimberly. Il se dépêche de lui ouvrir la portière et s'assied à son tour. Il appuie sur le **starter électronique**[6], et la Mercedes **part en trombe**[7]*.

MARCEL : Très bien, madame. Mais qu'est-ce qui se passe ? Vous êtes si élégante. Vous avez rendez-vous avec James Bond ou avec le Président de la République à l'Élysée ?

Marcel pense qu'il est très **spirituel**[8], mais Kimberly ne fait pas attention à lui. Elle pianote sur son portable.

KIMBERLY : Au musée du Grand Palais, s'il vous plaît.

Marcel **la surveille**[9] dans le rétroviseur. Il **roule à toute allure**[10]*.

1/ *bavarder : to chat*
2/ *à toute vitesse : at top speed*
3/ *il se met au garde à vous en souriant : he smiles and salutes*
4/ *Je suis pressée ! : I'm in a hurry!*
5/ *Pas de temps à perdre*. *: There's not a moment to lose.*
6/ *(m) starter électronique : electronic ignition*
7/ *part en trombe* *: takes off 8/ spirituel : witty*
9/ *[il] la surveille : [he] watches her*
10/ *roule à toute allure* *: drives at full speed*

2/ Kimberly se regarde dans un miroir de poche et décide de retoucher son maquillage. Elle se remet du **crayon à lèvres**[1], du **fard à paupières**[2], du crayon contour des yeux et du **fond de teint**[3]. Elle termine en se brossant les cheveux.

MARCEL : Vous êtes très élégante ce soir. Vous allez à un dîner ?

KIMBERLY : Peut-être, si j'ai de la chance.

Une foule animée **se rassemble**[4] devant le Grand Palais. Il y a un panneau gigantesque où est écrit « PARIS FASHION WEEK ». Sur le tapis rouge, les flashes des **appareils-photos**[5] des photographes **s'illuminent**[6] comme des **feux d'artifice**[7]. Un **barrage de police**[8] bloque la voiture de Marcel dans un embouteillage monstre. Kimberly regarde **de tous les côtés**[9] et s'impatiente. Elle envoie un SMS à Théo.

KIMBERLY : Marcel, je veux descendre ici, s'il vous plaît.

MARCEL : Attendez, s'il vous plaît. On est encore loin. Je vais essayer **de me rapprocher**[10].

1/ (m) crayon à lèvres : lip liner
2/ (m) fard à paupières : eye shadow
3/ (m) fond de teint : makeup foundation
4/ se rassemble : gathers
5/ (m) appareils-photos : cameras
6/ s'illuminent : light up
7/ (m) feux d'artifice : fireworks
8/ (m) barrage de police : police roadblock
9/ de tous les côtés : all around
10/ de me rapprocher : to get closer

3/ KIMBERLY : Non, non. **Ça ira**[1]. Merci. Je suis déjà en retard, alors laissez-moi au coin de la rue, ici.

Soudain elle ouvre la porte, descend, et **se fond dans**[2] la foule.

MARCEL : Mais attendez enfin ! **Elle est malade ou quoi**[3] ? Et voilà, **je me retrouve dans ce bazar**[4**]! Je ne sais même pas si je dois revenir **la chercher**[5]. **Qu'est-ce qu'il lui prend**[6*] ?

Kimberly **se faufile parmi la foule**[7] et arrive devant le tapis rouge. Plusieurs **vigiles**[8] filtrent l'arrivée des invités. Quelques heures avant, la cousine de Rachida **l'avait mise en contact avec**[9] le manager de Théo. Il lui avait dit que celui-ci serait heureux de la revoir et lui avait alors envoyé une invitation. Au moins avec un Américain, elle aura plus **confiance en elle**[10].

1/ Ça ira. : It'll be fine.
2/ se fond dans : melts into
3/ Elle est malade ou quoi* ? : Is she crazy or what?
4/ je me retrouve dans ce bazar** : I end up in this mess
5/ la chercher : to pick her up
6/ Qu'est-ce qui lui prend ? : What's gotten into her?
7/ se faufile parmi la foule : edges her way through the crowd
8/ (m) vigiles : security guards
9/ l'avait mise en contact avec : she was put in touch with
10/ (f) confiance en elle : confidence in herself (self-confidence)

CHAPITRE 40

1/ Kimberly se souvient qu'elle **avait été charmée**[1] dès qu'elle avait entendu la voix de crooner de Théo. Elle **lui rappelait**[2] les voix suaves de Frank Sinatra ou de Harry Connick, Jr. Théo lui avait téléphoné pour lui dire qu'il participait à un défilé de mode, et que **ce serait sympa**[3]* s'ils pouvaient se revoir après. Elle avait accepté **avec joie**[4] et lui avait déclaré qu'**elle n'avait rien de prévu**[5]* ce soir-là. Il lui avait alors répondu qu'elle devait se préparer à découvrir des endroits magiques. La parfaite recette pour passer **une soirée d'enfer**[6]**. Sa visite à Paris prenait définitivement **un autre tournant**[7]. Elle avait toujours souhaité **tomber amoureuse pour de vrai**[8]* d'un homme avec qui elle pourrait faire sa vie. Mais elle ne s'attendait pas à ce que ce simple **voyage d'agrément**[9] devienne une aventure aussi **palpitante**[10] dans la ville de ses rêves.

1/ *avait été charmée : had been charmed*
2/ *lui rappelait : it reminded her of*
3/ *ce serait sympa* : it would be great*
4/ *avec joie : happily*
5/ *elle n'avait rien de prévu* : she didn't have any plans*
6/ *une soirée d'enfer** (f) : a hell of an evening*
7/ *un autre tournant (m) : another turn*
8/ *tomber amoureuse pour de vrai* : to fall in love for real*
9/ *(m) voyage d'agrément : leisure trip*
10/ *palpitante : exciting*

2/ Une fois parvenue à l'entrée, Kimberly met son portable sous le nez du garde **costaud**[1] qui bloque le passage. Il examine son invitation avec attention et la dirige vers l'attachée de presse qui est assise à une table. La jeune femme observe Kimberly **d'un air grave**[2]. Elle **pianote**[3] sur sa tablette et lui fait signe de passer. Kimberly entre sous le regard envieux de **tous les curieux**[4] qui **se sont agglutinés**[5] devant le bâtiment. Le public et certains photographes **doivent penser**[6] qu'elle est célèbre parce qu'ils la prennent en photo. **Il y a tellement de monde**[7] qu'elle décide d'aller attendre Théo au bar. Elle s'assied dans un fauteuil en cuir et commande un mojito avec beaucoup de **glace pilée**[8] et de la menthe. Elle ne veut **surtout**[9] pas rater son arrivée. Ça y est ! Elle le voit ! Il traverse le long corridor qui mène au bar. Elle essaie de **garder son sang-froid**[10*] mais elle est très nerveuse. Il lui fait la bise. Elle adore cette coutume française si romantique.

1/ costaud : muscular
2/ d'un air grave : seriously
3/ pianote : taps away
4/ tous les curieux : all the onlookers
5/ se sont agglutinés : are crowding
6/ doivent penser : must think
7/ il y a tellement de monde : it's so crowded
8/ (f) glace pilée : crushed ice
9/ surtout : above all
10/ garder son sang-froid* : to keep her cool

3/ Kimberly est surprise mais elle lui fait aussi la bise. Elle aime le contact de sa barbe qui est si bien **taillée**[1]. Il porte un costume bleu-marine, une chemise blanche et une cravate bordeaux **qui lui vont à merveille**[2]. Il est de plus en plus élégant.

KIMBERLY : Vous êtes vraiment devenu français ici.

THÉO : Pas exactement. Je suis devenu Parisien. **Ce n'est pas pareil**[3*]. Cette ville a sa propre culture, vous savez.

KIMBERLY : Voulez-vous commander un cocktail pour m'accompagner ? Moi, je bois un mojito. Il est excellent.

THÉO : Non, pas ici. **Allez cul-sec**[4**] ! **On s'en va**[5].

KIMBERLY : D'accord, mais je dois d'abord **régler l'addition**[6].

THÉO : **Laissez tomber**[7**]. **Je m'en charge**[8*].

Pendant que Kimberly finit son verre et **croque**[9] des petits morceaux de glace, Théo sort un billet de sa poche et le glisse sous le **sous-verre**[10]. Le barman le remercie.

1/ taillée : groomed
2/ qui lui vont à merveille : that fit him very well
3/ Ce n'est pas pareil*. : It's not the same thing.
4/ Allez cul-sec**! : Bottoms up!
5/ On s'en va. : We're leaving.
6/ régler l'addition : to pay the check
7/ Laissez tomber**. : Forget about it.
8/ Je m'en charge*. : I'll take care of it.
9/ croque : crunches on
10/ (m) sous-verre : coaster

CHAPITRE 41

1/ L'adrénaline **parcourt**[1] les veines de Kimberly quand Théo s'approche d'une grosse moto. Elle n'a jamais fait de moto de sa vie mais elle en a toujours eu envie. Il sort un trousseau de clés de sa poche et en prend une pour **déverrouiller la selle**[2]. Il lui donne le **casque**[3] qui est à l'intérieur. Il en sort un deuxième d'une des **sacoches**[4]. Il aide Kimberly à attacher la **sangle**[5] du casque sous son **menton**[6]. Elle **frissonne**[7] parce qu'il fait frais. Théo lui donne son **blouson**[8]. Il est trop grand mais elle est heureuse d'être au chaud car elle a peur d'avoir froid.

THÉO : J'espère que vous aimez la moto. C'est une manière originale de voir Paris et c'est plus amusant qu'en voiture.

KIMBERLY : Je dois vous **avouer**[9] que je suis un peu nerveuse. Mais avec vous, je n'ai peur de rien. Partons à l'aventure !

THÉO : Je serai prudent. N'hésitez pas à vous **cramponner**[10] à moi. J'espère que vous aimez la vitesse.

1/ parcourt : runs through
2/ déverrouiller la selle : to unlock the seat
3/ (m) casque : helmet
4/ (f) sacoches : saddlebags
5/ (f) sangle : strap
6/ (m) menton : chin
7/ frissonne : shivers
8/ (m) blouson : jacket
9/ avouer : to admit
10/ cramponner : to hang on

2/ Kimberly n'arrive pas à **enfourcher**[1] la moto toute seule. Monter à moto en robe n'est pas très pratique. Théo l'aide **en la**

prenant par la taille[2] et **en la soulevant**[3] en un mouvement. Ils sont maintenant installés tous les deux sur la moto. Kimberly **a la chair de poule**[4*] aussitôt qu'elle entend le moteur **rugir**[5]. La **vitesse**[6] et la peur la forcent à se serrer contre Théo. En se tenant à lui, elle sent son torse et ses bras musclés sous ses doigts. Il ne porte qu'un pull en cachemire très fin et un **gilet en daim**[7]. Les rues de la capitale défilent **devant ses yeux**[8]. Elle profite de ces moments d'exaltation. Marcel les suit **en restant à une distance prudente de**[9] la moto. Cette Américaine est une cliente V.I.P. et il se sent responsable de sa sécurité. Il adore discuter avec elle et passer du temps en sa compagnie. **Il est parfaitement conscient**[10] qu'il est en train de tomber amoureux d'elle.

1/ *enfourcher : to straddle*
2/ *en la prenant par la taille : taking her by the waist*
3/ *en la soulevant : lifting her up*
4/ *a la chair de poule* * *: gets goose bumps*
5/ *rugir : to roar*
6/ *(f) vitesse : speed*
7/ *(m) gilet en daim : suede vest*
8/ *devant ses yeux : before her eyes*
9/ *en restant à une distance prudente de : while keeping a safe distance from*
10/ *il est parfaitement conscient : he's perfectly aware*

3/ Théo et Kimberly terminent leur **balade à moto**[1] devant un hôtel de luxe très **renommé**[2]. Ils entrent dans l'hôtel et prennent l'ascenseur jusqu'à la terrasse du septième étage qui a une vue **époustouflante**[3] de la capitale. Ils **savourent**[4] un apéritif avec des petits fours en écoutant de la **musique de fond**[5]. Kimberly comprend maintenant pourquoi Paris a la réputation d'être **la ville la plus romantique du monde**[6].

KIMBERLY : Quelle vue magnifique ! C'est **féérique**[7] !

THÉO : Vous avez raison. Racontez-moi votre vie depuis votre arrivée. Est-ce que vous avez pensé à moi ? J'étais certain que je vous reverrais, soit à Paris, soit à Los Angeles. Kimberly **esquive**[8] son regard. Elle sent que **ses joues sont en feu**[9]*. Elle est persuadée que Théo **parviendra**[10] à lui faire oublier Charles-Henri.

1/ (f) balade à moto : motorcycle ride
2/ renommé : famous
3/ époustouflante : breathtaking
4/ savourent : enjoy
5/ (f) musique de fond : background music
6/ la ville la plus romantique du monde : the most romantic city in the world
7/ féérique : like a fairy tale
8/ esquive : avoids
9/ ses joues sont en feu : she is blushing*
10/ parviendra : will succeed

CHAPITRE 42

1/ Après un repas délicieux, Théo et Kimberly continuent leur visite nocturne. Il lui fait découvrir un endroit magique : la Butte Montmartre où se trouve la Basilique du Sacré-Coeur. On peut y admirer une vue superbe de Paris. Ils sont assis à la terrasse d'une grande **brasserie**[1] en face de beaucoup de peintres qui animent le quartier. Kimberly est dans les bras de Théo. Marcel, qui vient de se garer juste en face, **éteint**[2] le moteur de sa voiture. Il les observe avec des **jumelles**[3].

MARCEL : Oh non ! **Ce n'est pas vrai**[4] ! Pas lui aussi.

Théo et Kimberly s'embrassent. Marcel s'impatiente.

MARCEL : Bon, allez. **Magnez-vous**[5]** ! Ils ne vont pas **se rouler des pelles**[6]** toute la nuit !

Marcel appelle la société de limousine. **Il en a par-dessus la tête de**[7]* cette cliente exigeante et capricieuse.

MARCEL : Allo Sophie ! S'il te plaît, trouve un autre chauffeur pour la Californienne. Je prends quelques **jours de repos**[8]. Je suis trop **énervé**[9]. **Il faut que je change d'air**[10]*.

1/ (f) brasserie : coffee house/brewery
2/ éteint : turns off
3/ (f) jumelles : binoculars
4/ Ce n'est pas vrai ! : It can't be true!
5/ Magnez-vous** ! : Hurry up!
6/ se rouler des pelles** : to make out
7/ il en a par-dessus la tête de* : he's fed up with
8/ (m) jours de repos : days off
9/ énervé : stressed out
10/ Il faut que je change d'air*. : I need a break.

2/ Kimberly entre seule dans sa chambre après une charmante soirée. Elle entend la sonnerie de Skype sur son ordinateur. C'est sa copine Julie. Les deux amies se parlent pendant une heure. Kimberly lui dit qu'**elle est au septième ciel**[1*]. Théo est plus âgé qu'elle mais **cela lui plaît**[2] beaucoup. Elle pense que les hommes mûrs ont un certain charme.

JULIE : Kim, **tu recommences**[3] avec celui-là. N'oublie pas que tu viens de le rencontrer. Écoute-moi pour une fois.

KIMBERLY : Oui, je sais, mais **je suis folle de lui**[4*].

JULIE : Et alors, **qu'est-ce que tu comptes faire**[5*] ?

KIMBERLY : Je crois que je vais rester quelques jours de plus.

JULIE : Mais tu vas **te faire virer**[6**] ! Tu es complètement **dingue**[7**] ! Kimberly, écoute-moi pour une fois, s'il te plaît !

KIMBERLY : Ou alors je vais **démissionner**[8]. C'est peut-être **l'amour de ma vie**[9]. Je ne peux pas ignorer mes sentiments.

JULIE : Est-ce que je dois te rappeler ton expérience malheureuse avec Charles-Henri ? **Fais gaffe**[10**], s'il te plaît !

1/ elle est au septième ciel*. : she's in seventh heaven.
2/ cela lui plaît : she likes that
3/ tu recommences : you're doing it again
4/ Je suis folle de lui*. : I'm crazy about him.
5/ Qu'est-ce que tu comptes faire* ? : What are you planning to do?
6/ te faire virer** : to get yourself fired
7/ dingue** : crazy
8/ démissionner : to resign
9/ l'amour de ma vie : the love of my life
10/ Fais gaffe** : Watch out

3/ Le lendemain, Kimberly et Théo passent l'après-midi à se promener dans le quartier historique très **prisé**[1] de St-Germain-des-Prés. Théo l'emmène dans la boutique d'une styliste de mode célèbre. Il lui **présente**[2] la jeune **créatrice**[3] qui s'est déjà fait un nom parmi les créateurs français. La jeune femme fait visiter son **atelier⁴** à Kimberly. Plusieurs **couturières⁵** **confectionnent les derniers modèles⁶** de la collection. Pendant que Kimberly discute avec les **ouvrières⁷**, Théo arrive près d'elle et lui **propose⁸** d'aller essayer une robe dans une **cabine d'essayage⁹**. Kimberly est flattée et revient quelques minutes plus tard. Elle **se pavane¹⁰** devant le miroir et devant Théo.

KIMBERLY : Cette robe est géniale ! J'adore cette boutique. Le style de cette robe la change tellement de sa garde-robe californienne. Pour la première fois, elle se sent Parisienne !

1/ *prisé : popular*
2/ *présente : introduces*
3/ *(f) créatrice : designer*
4/ *(m) atelier : workshop*
5/ *(f) couturières : dressmakers*
6/ *confectionnent les derniers modèles : are sewing the latest designs*
7/ *(f) ouvrières : workers*
8/ *propose : suggests*
9/ *(f) cabine d'essayage : fitting room*
10/ *se pavane : struts*

CHAPITRE 43

1/ Au même moment, à l'hôtel, une des **femmes de chambre**[1] vient **signaler**[2] à Rachida que Kimberly n'est pas rentrée. Le lit dans sa suite n'est pas **défait**[3]. Cela fait deux jours qu'aucun membre du personnel ne l'a vue. Rachida appelle Marcel. Il est toujours en congé. Il s'énerve quand Rachida lui demande s'il sait où se trouve Kimberly.

MARCEL : **Je n'en sais rien**[4*]. Elle peut faire ce qu'elle veut. **Je m'en fiche**[5**]. Elle peut se trouver un autre chauffeur.

RACHIDA : Mais pourquoi tu t'énerves comme ça ? Calme-toi. Je vais l'appeler. Tu devrais prendre quelques jours de plus parce que tu as encore l'air très stressé, tu sais.

Cinq minutes plus tard, l'appel de Rachida **perturbe**[6] un baiser passionné entre Kimberly et Théo. Ils sont assis sur un sofa dans un loft **majestueux**[7] avec **une vue imprenable sur**[8] l'Arc de Triomphe. Kimberly ignore l'appel et **reporte son attention**[9] sur Théo qui l'embrasse dans le cou. Elle aime tout chez lui : son charme, sa culture et son **style de vie**[10] si parisien.

1/ (f) femmes de chambre : housekeepers
2/ signaler : to inform
3/ défait : unmade
4/ Je n'en sais rien*. : I have no idea.
5/ Je m'en fiche**. : I don't give a damn.
6/ perturbe : interrupts 7/ majestueux : majestic
8/ une vue imprenable sur : an unobstructed view of
9/ reporte son attention : refocuses her attention
10/ (m) style de vie : lifestyle

2/ Marcel a repris son travail et attend Kimberly dans la voiture devant l'hôtel. Il **appréhende**[1] de la voir. **Il s'est absenté une semaine**[2] et il ne sait pas comment il va réagir quand il va la revoir. **Elle lui a manqué**[3] même s'il ne veut pas **se l'avouer**[4]. Marcel l'aperçoit qui sort de l'hôtel. Il la trouve **encore plus belle qu'avant**[5]. Kimberly monte dans la voiture. Marcel reste calme et ne fait pas de commentaire. Il **démarre**[6]. KIMBERLY : Bonjour Marcel. Bien reposé, j'espère. Rachida **avait l'air affolée**[7] au téléphone. Personne ne me fait confiance ici. **Je me débrouille très bien toute seule**[8]. Mais Marcel, pourquoi prenez-vous la direction de Neuilly ? **Je n'ai pas du tout envie d'y aller**[9].

MARCEL : Écoutez, avant de vous conduire à l'atelier de mode pour récupérer votre robe, vous devez voir quelque chose.

KIMBERLY : Ah non ! Je dois absolument être de retour dans une heure **pour me faire une beauté**[10*] avant mon rendez-vous.

1/ appréhende : is dreading
2/ s'est absenté une semaine : was gone for one week
3/ elle lui a manqué : he's missed her
4/ se l'avouer : to admit it to himself
5/ encore plus belle qu'avant : even more beautiful than before
6/ démarre : starts the car
7/ avait l'air affolée : sounded panicked
8/ Je me débrouille très bien toute seule. : I can manage*
quite well on my own.
9/ je n'ai pas du tout envie d'y aller : I have no desire to go there
10/ pour me faire une beauté : to spruce myself up

3/ MARCEL : **Ne vous en faites pas**[1]. Nous serons vite rentrés. **Je suis un as du volant**[2*] et le meilleur chauffeur de Paris. Kimberly se détend. Elle **débouche**[3] une petite bouteille d'eau et en boit une **gorgée**[4]. Marcel l'observe. Elle **consulte**[5] ses messages pour éviter son regard. La voiture s'arrête une demi-heure après devant une **école maternelle**[6]. Kimberly

128

s'impatiente et regarde par la fenêtre. Elle se demande ce qu'elle fait là et se dit que Marcel devient de plus en plus bizarre.

KIMBERLY : Bon, je ne vais pas **poireauter**[7]** ici longtemps. Je vais sortir **me détendre les jambes**[8]*.

MARCEL : Attendez quelques minutes, s'il vous plaît. Je vous en prie. Tenez, regardez là-bas. Le voilà votre Théo !

Tout à coup, Kimberly **se rassied**[9] et **referme**[10] la portière, complètement choquée.

1/ *Ne vous en faites pas. : Don't worry.*
2/ *Je suis un as du volant* : I'm an awesome driver*
3/ *débouche : opens*
4/ *(f) gorgée : a gulp*
5/ *consulte : checks*
6/ *(f) école maternelle : preschool*
7/ *poireauter ** : to wait*
8/ *me détendre les jambes* : to stretch my legs*
9/ *se rassied : sits back down*
10/ *referme : closes*

CHAPITRE 44

1/ Théo marche tranquillement dans la rue. Il est accompagné d'une jeune femme. Ils s'embrassent. Kimberly voit qu'**il la tient par la taille**[1]. Ils **se dirigent**[2] vers l'école. Quelques instants plus tard, ils **se tiennent**[3] devant l'entrée de l'établissement et attendent la sortie des enfants **en compagnie d'autres parents**[4]. Soudain, deux petits garçons viennent vers eux **en courant**[5] et se jettent dans leurs bras. Le couple **s'embrasse à nouveau**[6]. Kimberly **éclate en sanglots**[7].
MARCEL : Je suis désolé, madame, mais je crois que vous deviez absolument découvrir la **vérité**[8]. Cet homme n'était pas honnête avec vous. Tenez, prenez un **mouchoir**[9].
Kimberly le prend et remercie Marcel. Elle **sèche ses larmes**[10].
KIMBERLY : Ramenez-moi à l'hôtel, s'il vous plaît.

1/ il la tient par la taille : he has his arm around her waist
2/ se dirigent vers : walk toward
3/ se tiennent : stand
4/ en compagnie d'autres parents : along with the other parents
5/ en courant : running
6/ s'embrasse à nouveau : kiss each other again
7/ éclate en sanglots : bursts into sobs
8/ (f) vérité : truth
9/ (m) mouchoir : handkerchief
10/ sèche ses larmes : dries her tears

2/ Une fois arrivée devant l'hôtel, Kimberly sort de la voiture et **claque**[1] la portière. Elle passe devant Rachida et **fait mine de**[2]* ne pas la voir. Elle essaie de **retenir ses larmes**[3] mais **elle ne peut pas s'empêcher de pleurer**[4]. Elle, qui est si **féroce en**

affaires[5], est, par contre très **émotive**[6] et fragile en amour. Marcel entre à son tour dans l'hôtel et va voir Rachida dans son bureau. Elle lui offre un café. MARCEL : Je crois qu'**elle va m'en vouloir**[7]*. De me **prévenir**[8]. On ne pouvait pas la laisser dans cette situation. RACHIDA : Tu as raison. J'ai tout de suite reconnu cet homme quand j'ai vu sa photo avec sa famille dans un magazine.

Une fois dans sa chambre, Kimberly repense à son amie Julie qui lui avait dit de **se méfier**[9] de cet autre prince charmant. Encore un qui **lui avait donné de faux espoirs**[10]. Il y a deux jours, Kimberly ne voulait pas quitter Paris, mais maintenant elle désirait reprendre l'avion pour Los Angeles le plus rapidement possible.

1/ claque : slams
2/ fait mine de : pretends*
3/ retenir ses larmes : to hold back her tears
4/ elle ne peut pas s'empêcher de pleurer : she can't help crying
5/ féroce en affaires : fierce in business
6/ émotive : emotional
7/ elle va m'en vouloir : she's going to bear a grudge against me*
8/ prévenir : to warn
9/ se méfier : to distrust
10/ lui avait donné de faux espoirs : had given her false hopes

---

3/ Au moment où Kimberly pose son portable sur la table de nuit, un SMS de Rachida apparaît sur l'écran : « Je suis là pour vous aider, n'hésitez pas à me contacter. » Kimberly envoie un emoji à Rachida qui **illustre**[1] sa **tristesse**[2]. Elle la remercie de sa **gentillesse**[3]. Elle se sert un jus d'orange et va s'asseoir sur le balcon. Elle réfléchit à ses deux **aventures ratées**[4]. Elle s'en veut d'avoir été aussi **crédule**[5] et, par-dessus tout, trop **confiante**[6] et romantique. C'est sûrement la raison pour laquelle elle n'a jamais eu de chance avec les hommes. Son grand défaut, selon son amie Julie, c'est qu'**elle a tendance à**[7] tomber amoureuse trop rapidement. Depuis son retour dans sa chambre, son portable n'arrête pas de sonner, mais elle ignore ses messages. C'est sûr que Théo ne doit pas comprendre pourquoi elle ne lui répond pas. **Excédée**[8] par son insistance, elle **se venge**[9] en lui envoyant un SMS **dévastateur**[10] : « Embrasse tes fils pour moi. Et surtout, toutes mes salutations à ta femme de ma part. Je suis sûre qu'elle appréciera. »

1/ illustre : expresses
2/ (f) tristesse : sadness
3/ (f) gentillesse : kindness
4/ (f) aventures ratées : failed affairs
5/ crédule : gullible 6/ confiante : trusting
7/ elle a tendance à : she is prone to
8/ excédée : exasperated
9/ se venge : takes revenge
10/ dévastateur : devastating

CHAPITRE 45

1/ Kimberly, une fois calmée, met **son portable en mode silencieux**[1] et le jette dans sa valise. Elle est déçue de la soirée qu'elle vient de passer. Elle prend une douche et laisse couler l'eau sur son visage pendant quelques instants, comme pour se laver de cette nouvelle déception. Elle va se coucher, mais elle a des difficultés à s'endormir. Elle se lève vers deux heures du matin pour prendre un **somnifère**[2]. Malheureusement, elle passe une très mauvaise nuit parce qu'elle **fait un cauchemar**[3]. Elle **se voit**[4] dans un restaurant à une table seule, et **au loin**[5], elle aperçoit Charles-Henri et Théo qui sont complètement **ivres**[6]. Ils rient et se racontent comment ils ont réussi à séduire cette Américaine si naïve. Kimberly se réveille un peu **étourdie**[7] à cause du **médicament**[8] qu'elle a pris. Heureusement que Charles-Henri et Théo ne se rencontreront jamais. Ce serait un **désastre**[9]. Au moins, elle **aura évité le pire**[10].

1/ met son portable en mode silencieux : puts her phone on silent
2/ (m) somnifère : sleeping pill
3/ fait un cauchemar : has a nightmare
4/ se voit : sees herself 5/ au loin : in the distance
6/ ivres : drunk
7/ étourdie : dizzy 8/ (m) médicament : medication
9/ (m) désastre : disaster
10/ aura évité le pire : will have avoided the worst

2/ Le lendemain, Kimberly se sent beaucoup mieux. Elle enfile un peignoir **moelleux**[1], se prépare un expresso et s'installe sur le balcon. Elle décide de **rentrer plus tôt**[2] aux États-Unis. **Los Angeles lui manque**[3]. Elle veut oublier les deux hommes **qui**

lui ont brisé le cœur[4]. **Elle ferait mieux de téléphoner**[5] à la compagnie aérienne pour changer sa date de retour. Mais quelques minutes plus tard, l'écran de son portable s'allume. C'est Madame Allgreen. Kimberly **est prise de court**[6*] et n'a pas envie de répondre, mais **cela ne serait pas professionnel**[7]. Elle ne veut pas lui raconter ce qui lui est arrivé. Kimberly **respire profondemment**[8]. Il va falloir qu'elle **se force**[9] à parler avec enthousiasme. Elle doit convaincre sa patronne que tout se passe bien à Paris et qu'**elle est fascinée par**[10] la ville.

MADAME ALLGREEN : Bonjour Kimberly. Comment allez-vous ? J'espère que votre séjour se passe bien.

KIMBERLY : Oui, très bien. Merci, madame.

1/ moelleux : plush
2/ rentrer plus tôt : to return earlier [than planned]
3/ Los Angeles lui manque : she misses Los Angeles
4/ qui lui ont brisé le cœur : who have broken her heart
5/ elle ferait mieux de téléphoner : she had better call
6/ est prise de court* : is caught off-guard
7/ cela ne ferait pas professionnel : that wouldn't be professional
8/ respire profondemment : breathes deeply
9/ se force : forces herself
10/ elle est fascinée par : she's fascinated with

3/ MADAME ALLGREEN : J'espère que vous êtes heureuse de votre séjour à Paris et que vous profitez de cette ville magnifique. Kimberly **tousse**[1] pour **s'éclaircir la gorge**[2] avant de répondre.

KIMBERLY : Oui, beaucoup, merci.

MADAME ALLGREEN : Très bien. Moi aussi, j'adore Paris.

KIMBERLY : Tout est vraiment formidable ici. Mais **j'attends de revenir avec impatience**[3]. Je veux d'ailleurs changer ma réservation pour rentrer plus tôt.

MADAME ALLGREEN : Ah non, au contraire. **Ça tombe très bien**[4*] que vous soyez à Paris parce que je veux que vous y restiez **sept jours de plus**[5] pour rencontrer deux **clients potentiels**[6]. Nous comptons sur vous, Kimberly.

KIMBERLY : Mais madame, je dois absolument rentrer pour terminer **les deux affaires sur lesquelles je travaille**[7] depuis un mois. Ce sont des procès très importants.

MADAME ALLGREEN : Ne vous inquiétez pas. **Je me suis déjà occupée de tout**[8]. **Ramenez-nous**** **ces clients**[9] et vous **aurez droit à**[10] un bonus.

1/ *tousse : coughs*
2/ *s'éclaircir la gorge : to clear her throat*
3/ *j'attends de revenir avec impatience : I'm looking forward to coming home*
4/ *ça tombe très bien* : it's perfect timing 5/ sept jours de plus : seven more days*
6/ *(m) clients potentiels : prospective clients*
7/ *les deux affaires sur lesquelles je travaille : the two cases that I've been working on*
8/ *je me suis déjà occupée de tout : I've already taken care of everything*
9/ *ramenez-nous** ces clients : get us those clients*
10/ *aurez droit à : will be entitled to*

CHAPITRE 46

1/ Kimberly raccroche, un peu **contrariée**[1] de ce changement **inattendu**[2]. On frappe à la porte. C'est Rachida. Elle entre avec une grande boîte dans les bras.

RACHIDA : Bonjour madame. **J'espère que vous allez mieux**[3]. Regardez **ce qu'on a livré**[4] pour vous.

Rachida pose la boîte sur la table.

KIMBERLY : Qu'est-ce que c'est ?

RACHIDA : Ouvrez-la. Vous verrez bien.

Au moment où Rachida prend un vase en cristal sur **une des étagères**[5] du bar, Kimberly prend le bouquet de roses rouges et le **jette à la poubelle**[6]. Rachida, choquée par le geste de Kimberly, **pousse un cri**[7] et se précipite pour le récupérer.

RACHIDA : Mais madame, **pourquoi voulez-vous vous en débarrasser**[8] ? Ces roses sont magnifiques.

KIMBERLY : Parce qu'elles viennent d'hommes **dont je ne veux plus entendre parler**[9]. Ils m'ont vraiment prise tous les deux pour une idiote. **Ça n'arrivera plus**[10].

1/ contrariée : out of sorts
2/ inattendu : unexpected
3/ J'espère que vous allez mieux. : I hope you're feeling better.
4/ ce qu'on a livré : what's been delivered
5/ une des étagères : one of the shelves
6/ les jette à la poubelle : throws them away in the trash
7/ pousse un cri : cries out
8/ Pourquoi voulez-vous vous en débarrasser ? : Why do you want to get rid of them?
9/ dont je ne veux plus entendre parler : whom I don't want to hear about anymore
10/ Ça n'arrivera plus. : That won't ever happen again.

2/ RACHIDA : Mais madame, ouvrez au moins la carte. **Peut-être que vous vous trompez**[1].

KIMBERLY : Ça m'étonnerait. Qui d'autre pourrait bien m'envoyer des fleurs aussi belles à moins de vouloir se faire pardonner quelque chose ?

RACHIDA : Vous verrez bien. Allez-y ! S'il vous plaît, faites-moi confiance. Vous allez être agréablement surprise.

Kimberly arrache l'enveloppe qui est **agraffée**[2] au **papier de soie**[3] qui protège les roses. Elle la **décachette avec réticence**[4]. Rachida la regarde et attend sa réaction.

Kimberly s'assied et commence à la lire. Elle la relit plusieurs fois. Elle est **stupéfaite**[5] de voir que la carte **est signée de**[6]…

— **[roulement de tambour**[7]**]** — Marcel !

La carte contient le message suivant :

« Ces roses sont pour vous. Je ne veux que votre bonheur depuis le premier moment de notre rencontre. »

Kimberly ne comprend pas ce qui se passe. Elle donne la carte à Rachida qui la lui rend en souriant.

KIMBERLY : Mais pourquoi mon chauffeur **m'enverrait-il**[8] des fleurs ? J'ai été **désagréable**[9] avec lui **ces derniers temps**[10].

1/ *Peut-être que vous vous trompez. : You could be wrong.*
2/ *agraffée : stapled*
3/ *(m) papier de soie : tissue paper*
4/ *décachette avec réticence : opens reluctantly*
5/ *stupéfaite : stunned*
6/ *est signée de : is signed by*
7/ *(m) roulement de tambour : drum roll*
8/ *m'enverrait-il : would [he] send me*
9/ *désagréable : unpleasant*
10/ *ces derniers temps : lately*

3/ RACHIDA : Vous savez, madame, Marcel **a eu un faible pour vous**[1] dès le premier jour. Il ne me l'a jamais dit **ouvertement**[2], mais j'ai remarqué plusieurs fois comment il vous regardait. Je ne l'avais jamais vu **être autant aux petits soins pour**[3]* une cliente.

KIMBERLY : Mais **pourquoi est-ce qu'il ne m'a rien dit**[4] ?

RACHIDA : Parce que vous étiez **très occupée**[5] … avec tous vos admirateurs.

KIMBERLY : Mais il **aurait dû**[6] me le dire, et vous aussi d'ailleurs. Vous êtes restée vraiment discrète. Dites-moi, est-ce que c'est moi ou est-il vraiment très **susceptible**[7] ?

RACHIDA : Non, Madame, il est plutôt jaloux.

KIMBERLY : **Il me kiffe grave**[8]**, alors.

RACHIDA : Oui, c'est tout à fait ça. Vous connaissez même des mots d'**argot**[9] maintenant. Vous êtes vraiment **douée**[10] en français. Je suis sûre qu'il est impatient de recevoir votre appel.

1/ *a eu un faible pour vous : has had a crush on you*
2/ *ouvertement : openly*
3/ *être autant aux petits soins pour* : *to pamper*
4/ *Pourquoi est-ce qu'il ne m'a rien dit ? : Why didn't he say anything to me?*
5/ *très occupée : very busy*
6/ *aurait dû : should have*
7/ *susceptible : sensitive*
8/ *il me kiffe grave*** : *he really likes me*
9/ *argot (m) : slang*
10/ *douée : gifted*

CHAPITRE 47

1/ Le matin, Kimberly aime prendre son temps et boire son café crème avec beaucoup de **mousse de lait**[1]. Cela lui sert de méditation matinale. Elle se rappelle la conversation qu'elle a eue avec Rachida la veille. Maintenant, elle doit **prendre son courage à deux mains**[2]* et appeller Marcel. Elle **compose son numéro**[3], mais son appel va directement sur la **messagerie vocale**[4]. Elle raccroche **séance tenante**[5]. La meilleure solution est **sans doute**[6] de lui envoyer un SMS. **Cela lui permettra**[7] de lui répondre **s'il n'est pas en colère**[8]. Elle lui envoie le message suivant : « Merci beaucoup pour les roses, et **toutes mes excuses**[9] pour mon attitude **insensible à votre égard**[10]. Pour me faire pardonner, je voudrais vous inviter à déjeuner aujourd'hui. Midi ? ». Comment a-t-elle pu être aussi aveugle ? Elle se rend compte que l'amour est parfois si proche de nous que nous ne le voyons même pas. La vie est toujours pleine de surprises.

1/ (f) mousse de lait : milk foam
2/ prendre son courage à deux mains * : to gather her courage*
3/ compose son numéro : dials his number
4/ (f) messagerie vocale : voicemail
5/ (f) séance tenante : right away
6/ sans doute : without a doubt
7/ cela lui permettra : that will give him the opportunity
8/ s'il n'est pas en colère : if he's not angry
9/ toutes mes excuses : all my apologies
10/ insensible à votre égard : insensitive toward you

2/ La réponse de Marcel **ne se fait pas attendre**[1]. Il lui envoie le SMS suivant : « Avec plaisir. **Laissez-moi m'occuper de la**

réservation[2]. Je vous emmène dans mon restaurant favori. »
Kimberly **se sent très heureuse**[3]. Elle **expédie**[4] la **lecture**[5] de ses emails en quelques minutes, et **fonce**[6] dans la salle de bains pour se préparer. Tout en se maquillant, elle se rappelle que Marcel a toujours été présent, **veillant constamment à sa sécurité**[7] à Paris. Elle se souvient qu'il laissait des fleurs, des macarons, ou du chocolat tous les matins dans la voiture. **Une fois prête**[8], elle va dans la bijouterie de l'hôtel. Elle choisit une très belle montre chrono avec un **bracelet en cuir noir**[9]. Kimberly demande à la vendeuse de lui **faire un paquet cadeau**[10]. Elle espère que Marcel lui pardonnera et qu'il aimera ce qu'elle a choisi pour lui.

1/ ne se fait pas attendre : comes right away
2/ Laissez-moi m'occuper de la réservation. : Let me handle the reservation.
3/ se sent très heureuse : feels very happy
4/ expédie : rushes through
5/ (f) lecture : reading
6/ fonce : hurries
7/ veillant constamment à sa sécurité : always looking out for her safety
8/ une fois prête : once she's ready
9/ (m) bracelet en cuir noir : a black leather watchband
10/ faire un paquet cadeau : to gift-wrap it

3/ Kimberly vient de prendre place dans la Mercedes. Elle essaie de cacher sa nervosité le mieux possible.
KIMBERLY : Bonjour Marcel. Tenez, c'est pour vous. Elle donne le cadeau à Marcel. Il la regarde d'un air étonné. Il déchire l'**emballage**[1], ouvre l'étui et découvre une montre en or. Il **reste sans rien dire**[2] pendant quelques instants. Il est visiblement touché. Il **met la montre à son poignet**[3] et la regarde fièrement.
MARCEL : Elle est super belle ! Mais qu'est-ce que j'ai fait pour mériter un tel cadeau ? Je suis vraiment touché.

KIMBERLY : **Premièrement**[4], vous m'avez sauvée **à plusieurs reprises**[5], et **deuxièmement**[6], vous **m'avez empêchée de**[7] faire une **grosse bêtise**[8]. Alors **je vous suis redevable de beaucoup**[9]*. Trente minutes plus tard, ils entrent dans **le plus vieux restaurant de Paris**[10], le Procope.

1/ (m) emballage : wrapping paper
2/ reste sans rien dire : remains silent
3/ met la montre à son poignet : puts [the watch] on his wrist
4/ premièrement : first of all
5/ à plusieurs reprises : on several occasions
6/ deuxièmement : secondly
7/ m'avez empêchée de : prevented me from
8/ (f) grosse bêtise : something really stupid
9/ je vous suis redevable de beaucoup* : I'm very indebted to you
10/ le plus vieux restaurant de Paris : the oldest restaurant in Paris

---

CHAPITRE 48

1/ Kimberly apprécie le côté **désuet**[1] et romantique de cet endroit. Ils sont assis **l'un en face de l'autre**[2]. C'est la première fois qu'elle peut regarder Marcel **d'aussi près**[3]. Elle avait déjà remarqué qu'il était très séduisant, mais **pas à ce point-là**[4]. Ses cheveux très noirs **font ressortir ses yeux**[5] émeraude. Sa barbe fine et son **teint hâlé**[6] lui donnent un air de **correspondant de guerre**[7], prêt à **braver**[8] tous les dangers. Il essaie d'être décontracté, mais elle voit bien qu'il est nerveux. Il lui dit qu'il l'a trouvée belle et fascinante dès qu'il l'a rencontrée. Il lui parle de sa vie et lui raconte qu'il est récemment revenu en France après avoir vécu une dizaine d'années en Australie.

MARCEL : J'ai dû arrêter de faire de la **voile de compétition**[9] pour reprendre la société de **VTC**[10] de mon père après sa mort. Je vais souvent en Normandie dès que j'ai des vacances pour y faire du bateau. J'y suis justement allé le week-end dernier.

1/ *désuet : old-fashioned*
2/ *l'un en face de l'autre : facing each other*
3/ *d'aussi près : from so up close*
4/ *pas à ce point-là : not to this extent*
5/ *font ressortir ses yeux : make his eyes stand out*
6/ *(m) teint hâlé : tanned complexion*
7/ *(m) correspondant de guerre : war correspondent*
8/ *braver : to brave, defy*
9/ *(f) voile de compétition : competitive sailing*
10/ *(m) VTC : véhicule de tourisme avec chauffeur : chauffered vehicle*

2/ KIMBERLY : La Normandie ? J'ai entendu parler de cette région. Elle est connue pour son histoire et sa **cuisine régionale**[1].

MARCEL : Oui, **c'est juste**[2]. C'est la région d'où vient ma famille. D'Arromanches-les-Bains, plus exactement. C'est aussi la région du cidre, du beurre et du camembert.

KIMBERLY : **Ce nom me dit quelque chose**[3*].

MARCEL : C'est possible. C'est là où **a eu lieu**[4] le **débarquement des Alliés**[5] pendant la deuxième guerre mondiale. Ici, on dit : « **Le jour le plus long**[6] ». Je crois qu'aux États-Unis, on l'appelle « D-Day », non ?

KIMBERLY : Oui, c'est ça. Maintenant **ça me revient**[7]. Mon arrière-grand-père est presque mort là-bas. Il a été **sauvé de justesse**[8] par un membre de la **Résistance**[9] au moment où il allait **se noyer**[10]. C'est un miracle qu'il ne soit pas mort.

1/ (f) cuisine régionale : regional cuisine
2/ c'est juste : that's right
3/ Ce nom me dit quelque chose*. : That name rings a bell.
4/ a eu lieu : took place
5/ (m) débarquement des Alliés : Allied (Forces) landing
6/ Le jour le plus long : D-Day
7/ ça me revient : it's coming back to me
8/ sauvé de justesse : barely saved
9/ (f) Résistance : French Resistance
10/ se noyer : to drown

3/ MARCEL : **Ça alors**[1] ! C'est incroyable !

KIMBERLY : Quoi ? **Qu'est-ce que j'ai dit**[2] ?

MARCEL : Cette histoire est complètement **insensée**[3]. On raconte dans ma famille que mon arrière-grand-père avait une **barque**[4] à **l'époque**[5] et qu'il avait repêché deux soldats américains dans les **marais**[6]. Je crois que nous avons des photos dans un album au **grenier**[7].

KIMBERLY : Vraiment ! Quelle coïncidence !

MARCEL : Il y a eu tellement de soldats qui sont morts **à peine descendus des bateaux**[8]. Beaucoup ont même été tués **avant d'atteindre le rivage**[9]. C'est tragique. Avoir fait tout ce long voyage pour mourir si vite sans pouvoir se défendre.

KIMBERLY : Mais est-ce que vous connaissez l'identité de ces deux soldats ? Cela m'intéresse beaucoup.

MARCEL : Non, aucune idée. **Je vais me renseigner**[10] auprès de ma grand-mère. Elle sait peut-être quelque chose.

1/ Ça alors ! : Really!
2/ Qu'est-ce que j'ai dit ? : What did I say?
3/ insensée : crazy
4/ (f) barque : row boat
5/ à l'époque : at that time
6/ (m) marais : marshes
7/ (m) grenier : attic
8/ à peine descendus des bateaux : as soon as
 they got off the boats
9/ avant d'atteindre le rivage : before reaching the shore
10/ je vais me renseigner : I'll find out

CHAPITRE 49

1/ KIMBERLY : Je sais que **pour remercier son sauveteur[1]**, mon arrière-grand-père lui a donné quelque chose **auquel il tenait beaucoup[2]**, une....

Le portable de Kimberly se met à sonner et **lui coupe la parole[3]**. Elle regarde **furtivement[4]** le nom de la personne qui l'appelle. C'est Rachida.

KIMBERLY : Allo ! Bonjour Rachida. Oui, je suis.... Non ! Quoi ? Ah non ! J'arrive... J'arrive tout de suite !

MARCEL : Qu'est-ce qu'il y a ? **Des ennuis[5]** ? Une **mauvaise nouvelle[6]** ? Je peux vous aider ?

Kimberly se lève brutalement et **renverse[7]** sa chaise. Elle **la ramasse à la va-vite[8]***. Elle a l'air complètement paniquée.

KIMBERLY : Je suis vraiment désolée, mais je dois partir...

MARCEL : Mais attendez, je vais vous conduire... Si c'est une **urgence[9]**, je peux... Mais n'y allez pas toute seule... Attendez...

KIMBERLY : Non, non.... **Surtout pas[10]**. Je vais prendre un taxi... Je vous appellerai. Excusez-moi encore....

1/ pour remercier son sauveteur : to thank his rescuer
2/ auquel il tenait beaucoup : that was very dear to him
3/ lui coupe la parole : cuts her off
4/ furtivement : discreetly
5/ (m) des ennuis : problems
6/ (f) mauvaise nouvelle : bad news
7/ renverse : knocks over 8/ la ramasse à la va-vite* : picks it up hurriedly
9/ (f) urgence : emergency
10/ surtout pas : absolutely not

2/ Kimberly est si anxieuse d'arriver qu'elle **saute presque du taxi en marche**[1]* devant l'hôtel. Elle ne récupère même pas la monnaie du billet qu'elle donne au chauffeur. Dès qu'elle entre dans le lobby, elle **entrevoit**[2] Théo et Charles-Henri. Elle se demande comment elle va pouvoir **se sortir de ce pétrin**[3]*. Elle panique parce qu'ils ne se connaissent pas **pour l'instant**[4]. S'ils découvrent qu'ils étaient **rivaux**[5], **cela risque de faire des étincelles**[6]*. Rachida aperçoit Kimberly et court **pour venir à sa rencontre**[7]. Elle a du mal à cacher son inquiétude.

RACHIDA : Ah, madame Swanson ! Quelle situation délicate ! Je les ai reconnus tout de suite, vous savez. Et je veux éviter un scandale. **Ce n'est pas du tout le genre de la maison**[8]*. Alors soyez discrète, s'il vous plaît. Je pourrais perdre mon emploi.

KIMBERLY : Rachida, je vous assure que **je ne veux pas d'histoires**[9]* à cause d'eux. Je vais leur parler et les faire partir le plus rapidement possible. **Je vous le promets**[10].

1/ saute presque du taxi en marche* : almost jumps out of the moving taxi
2/ entrevoit : catches a glimpse of
3/ se sortir de ce pétrin* : to get out of this mess
4/ pour l'instant : for the moment
5/ rivaux : rivals
6/ cela risque de faire des étincelles* : sparks are going to fly.
7/ pour venir à sa rencontre : to come to meet her
8/ Ce n'est pas du tout le genre de la maison*. : There's no place for that here.
9/ je ne veux pas d'histoires* : I don't want any trouble
10/ Je vous le promets. : I promise you.

3/ Kimberly **s'arme de courage**[1]* pour confronter les deux hommes qui avaient su la **captiver**[2] si facilement. Elle est **fébrile**[3], mais **rassurée**[4] que Rachida observe la scène de son bureau. Kimberly sait qu'elle peut **compter sur elle**[5] pour intervenir si la situation devenait **ingérable**[6]. Le portable de

146

Kimberly se met à sonner. Elle regarde l'écran et voit le nom de Marcel qui s'affiche. Elle ne répond pas, et s'avance vers les deux hommes. Au moment où Kimberly **se montre**[7], Charles-Henri et Théo **se dressent comme des ressorts**[8*]. Ils ressemblent à deux **béliers**[9] qui sentent que la bataille est imminente. Le choc risque d'être violent.

THÉO & CHARLES-HENRI : Ah ! Kimberly, vous....

Tout à coup, ils s'arrêtent et se regardent, silencieux et choqués.

CHARLES-HENRI : Mais monsieur, **à qui ai-je l'honneur**[10] ?

THÉO : Et bien, je pourrais vous poser la même question.

1/ s'arme de courage : gathers her courage*
2/ captiver : to captivate
3/ fébrile : nervous
4/ rassurée : reassured
5/ compter sur elle : to count on her
6/ ingérable : unmanageable
7/ se montre : shows herself
8/ se dressent comme des ressorts : spring up*
9/ (m) béliers : rams
10/ À qui ai-je l'honneur ? : To whom am I speaking?

CHAPITRE 50

1/ Rachida regarde avec angoisse Charles-Henri et Théo qui **se disputent**[1]. La situation se dégrade rapidement. Les deux hommes **haussent le ton**[2]* bien que Kimberly essaie de les calmer mais **sans y arriver**[3]. Elle est **dans tous ses états**[4]*. Elle ferait n'importe quoi pour éviter une catastrophe.

KIMBERLY : **Je vous en supplie**[5], pas de scandale ici. Partez tout de suite ! Je ne veux plus jamais vous revoir de ma vie.

CHARLES-HENRI : Mais ma chère, **je vous présente encore mes excuses**[6]. Pourquoi n'avez-vous pas répondu à ma **demande en mariage**[7] ? Je vous aime.

Théo **éclate de rire**[8] et pousse brutalement Charles-Henri qui **se rattrape aux rideaux**[9]. Mais il tombe et fait tomber deux vases.

THÉO : Baby ! Ne l'écoute pas ! Moi, **je te rendrai heureuse**[10]. La femme qui était avec moi ne compte pas. Tu es tout pour moi.

KIMBERLY : Partez tous les deux. Vous me ridiculisez devant tout le monde.

1/ se disputent : argue
2/ haussent le ton : raise their voices*
3/ sans y arriver : without success
4/ dans tous ses états : frantic*
5/ je vous en supplie : I'm begging you
6/ je vous présente encore mes excuses : I apologize again
7/ (f) demande en mariage : marriage proposal
8/ éclate de rire : bursts out laughing
9/ se rattrape aux rideaux : catches hold of the curtains
10/ Je te rendrai heureuse. : I will make you happy.

2/ Charles-Henri arrive derrière Théo, le surprend, et le pousse de toutes ses forces. Théo tombe sur un chariot de desserts que pousse un garcon affolé. Charles-Henri, accablé, **se met à genoux**[1] devant Kimberly.

CHARLES-HENRI : Vous êtes la femme de ma vie.

Théo, **rouge de colère**[2]*, a de la crème chantilly sur toute la figure. Il tire brutalement sur la veste de Charles-Henri et le fait tomber. Théo arrive à se relever, mais Charles-Henri réagit rapidement en attrapant la jambe du pantalon de son adversaire, qui **perd l'équilibre**[3]. Il **amortit sa chute**[4] en tombant sur lui. Les deux hommes **se battent**[5] par terre comme des écoliers. Rachida se dirige vers les deux hommes avec des agents de sécurité, mais **elle est devancée par Marcel.**[6] Il marche **d'un pas décidé**[7]* vers Charles-Henri et Théo. Il est **hors de lui**[8]*. Il va enfin pouvoir se venger de ces deux hommes dont il était si jaloux. Il attend ce moment depuis longtemps.

MARCEL : Bon, **ça suffit ce cirque**[9]**. **J'en ai marre de tout ce bazar**[10]**. Je vais me débarrasser de ces deux clowns !

1/ se met à genoux : kneels down
2/ rouge de colère : red with anger*
3/ perd l'équilibre : loses his balance
4/ amortit sa chute : breaks his fall
5/ se battent : fight
6/ elle est devancée par Marcel : she is passed by Marcel
7/ d'un pas décidé : at a rapid pace*
8/ hors de lui : beside himself*
*9/ ça suffit ce cirque** (m) : enough of this circus*
*10/ J'en ai marre de tout ce bazar**. : I'm sick of all this mess.*

3/ Marcel **agrippe**[1] les deux hommes par le **col**[2] de leur veste et les sépare. Ils essaient de se défendre et de le frapper, mais Marcel est trop fort pour eux et ils ne peuvent pas l'atteindre.

THÉO : Mais **c'est de sa faute**[3] ! Je t'aime, Kimberly.

CHARLES-HENRI : **Grossier personnage**[4] !

Les agents de sécurité emmènent les deux hommes **sans ménagement**[5] vers la sortie de l'hôtel.

MARCEL : Allez, **du balai**[6]** ! Débarrassez-nous de ces **bons à rien**[7] ! Voilà enfin une bonne chose de faite.

Marcel les regarde s'éloigner et **soupire de soulagement**[8]. Il rejoint Kimberly qui est assise au bar. Elle a assisté à toute la scène, pétrifiée de **honte**[9].

MARCEL : **Je suis désolé qu'on ait dû en arriver là**[10]*.

Elle se met à pleurer. Marcel s'assied à côté d'elle et la prend dans ses bras. Elle s'y blottit avec joie.

1/ *agrippe : grabs*
2/ *(m) col : collar*
3/ *c'est de sa faute : it's his fault*
4/ *(m) grossier personnage : rude person*
5/ *sans ménagement : forcibly*
6/ *du balai** : good riddance*
7/ *(m) bons à rien : good-for-nothings*
8/ *soupire de soulagement : sighs of relief*
9/ *(f) honte : shame*
10/ *Je suis désolé qu'on ait dû en arriver là*. : I'm sorry it had to come to this.*

CHAPITRE 51

1/ Kimberly et Marcel **roulent depuis une heure**[1] sur les routes qui **sillonnent**[2] la côte Normande. Kimberly ouvre la vitre et **hume**[3] l'air iodé qui lui rappelle la Pacific Coast Highway qui **relie**[4] Los Angeles à San Francisco. Une route mythique pour les amoureux de la Californie.

KIMBERLY : C'est vraiment très beau ici, j'adore !

MARCEL : Oui, j'aime venir **me ressourcer**[5] dans cette région. Marcel lui sourit. **Elle se sent plus optimiste**[6] parce l'amour de Marcel lui redonne de l'espoir.

KIMBERLY : Tu as été très patient avec moi. **Je ne suis pas fière d'avoir été aussi facilement séduite**[7] par ces deux hommes. Mais à ce moment-là, je voulais tellement être aimée.

MARCEL : Ce n'est pas une **faiblesse**[8] d'être romantique, au contraire. **J'ai juste été idiot**[9] d'avoir attendu aussi longtemps **pour te dire que j'étais amoureux de toi** [10].

1/ *roulent depuis une heure : have been driving for an hour*
2/ *sillonnent : crisscross*
3/ *hume : breathes in*
4/ *relie : links*
5/ *me ressourcer : to replenish myself*
6/ *elle se sent plus optimiste : she feels more optimistic*
7/ *je ne suis pas fière d'avoir été aussi facilement séduite :*
I'm not proud to have been so easily seduced
8/ *(f) faiblesse : weakness*
9/ *j'ai juste été idiot : I was a fool*
10/ *pour te dire que j'étais amoureux de toi : to tell you that I*
was in love with you

2/ La voiture **s'engage dans un petit chemin**[1] et s'arrête devant une maison **pittoresque**[2]. Marcel klaxonne deux fois. Quelques minutes plus tard, une charmante dame âgée apparaît **sur le seuil de la porte**[3]. Marcel l'embrasse **chaleureusement**[4].

MARCEL : **Mamie**[5], voici Kimberly, l'Américaine dont je…

MAMIE AUDREY : Ah, elle est jolie cette Californienne ! **Même plus que sur les photos**[6].

KIMBERLY : Bonjour madame, enchantée. Des photos ? Marcel ? Quelles photos est-ce que tu lui as envoyées ?

MAMIE AUDREY : Ne vous inquiétez pas ! **Venez à l'intérieur**[7], mes chéris. Il fera plus chaud près de la **cheminée**[8]. Vous avez fait bon voyage ? J'espère que vous avez faim. Je vous ai préparé une bonne **blanquette de veau**[9] et un gâteau normand aux pommes. J'ai aussi une surprise que j'ai retrouvée dans une **vieille boîte rouillée**[10].

1/ s'engage dans un petit chemin : turns down a dirt road
2/ pittoresque : quaint
3/ sur le seuil de la porte : at the doorstep
4/ chaleureusement : warmly
5/ (f) mamie : grandma
6/ même plus que sur les photos : even more so than in the photos
7/ venez à l'intérieur : come inside
8/ (f) cheminée : fireplace
9/ (f) blanquette de veau : veal stew
10/ (f) vieille boîte rouillée : old rusty box

3/ Après un dîner copieux, Mamie Audrey sort une bouteille d'un vieux **buffet**[1] de la salle de séjour.

MAMIE AUDREY : Goûtez-moi ce bon calvados. C'est mon cousin qui le fait. **Ça vous réchauffera les boyaux**[2*].

MARCEL : C'est vrai qu'**on se gèle les fesses**[3*] aujourd'hui.

MAMIE AUDREY : Allez, buvez. **Je suis convaincue**[4] que vous n'avez pas d'aussi bon **digestif**[5] en Amérique.

Mamie Audrey et Marcel boivent **d'un seul trait**[6]. Kimberly hésite et **y trempe à peine les lèvres**[7]. **Ça la fait aussitôt tousser**[8]. **Elle n'a jamais rien goûté d'aussi fort**[9] de sa vie.

MAMIE AUDREY : Et maintenant, voici la photo de mon père avec les deux Américains qu'il a sauvés. Elle était dans un vieil album **poussiéreux**[10].

Kimberly prend la photo et la retourne.

1/ (m) buffet : hutch
2/ Ça vous réchauffera les boyaux*. : It'll warm you up inside
3/ on se gèle les fesses* : we're freezing our butt off
4/ je suis convaincue : I'm sure
5/ (m) digestif : after-dinner drink
6/ d'un seul trait* : in one gulp
7/ [Kimberly] y trempe à peine les lèvres : [Kimberly] barely sips it
8/ Ça la fait aussitôt tousser : it makes her cough right away
9/ Elle n'a jamais rien goûté d'aussi fort : She's never drunk anything so strong
10/ poussiéreux : dusty

CHAPITRE 52

1/ Kimberly lit attentivement les noms **griffonnés au crayon**[1] au dos de la photo. Elle espère tant qu'elle va y trouver le nom de son grand-père. Malheureusement, elle **constate**[2] qu'il n'y a pas le nom de son arrière-grand-père. Elle soupire.

KIMBERLY : Je suis désolée, mais il n'est pas sur cette photo. **Cela aurait été**[3] une coïncidence incroyable. **Je crois que je vais devoir me résigner à ne jamais retrouver cette montre**[4]. Je n'ai pas de chance.

Marcel lui prend la main et l'embrasse.

MARCEL : **Ne perds pas espoir**[5*]. Demain, je t'emmène dans un **magasin de brocante**[6] en ville. Je suis sûr qu'ils auront de vieilles montres en vente.

MAMIE : **Qu'est-ce que c'est que cette histoire de montre**[7] ?

KIMBERLY : Mon arrière-grand-père **a fait cadeau de**[8] sa montre à son sauveteur. Regardez, comme celle-là.

Kimberly montre plusieurs photos d'une Lord Elgin sur l'écran de son portable.

Le visage de Mamie Audrey s'illumine.

MAMIE AUDREY : Ah mon Dieu ! Attendez, mes chéris, **je reviens tout de suite**[9] ! Oh là là !

MARCEL : Eh bien, je n'ai pas vu ma grand-mère avec autant d'énergie depuis des années. Tu lui fais un effet magique.

Marcel regarde Kimberly avec des yeux émerveillés.

KIMBERLY : Ta grand-mère est géniale. Je l'adore.

MARCEL : C'est vrai qu'elle est incroyable. Je ne sais pas ce qu'elle est partie chercher mais je suis sûr qu'elle va nous apporter quelque chose **qui va nous en boucher un coin**[10*] !

KIMBERLY : J'ai hâte de découvrir ce que c'est.

MARCEL : Moi aussi.

1/ Ne perds1/ griffonnés au crayon : scribbled in pencil
2/ constate : confirms
3/ cela aurait été : that would have been
4/ Je crois que je vais devoir me résigner à ne jamais retrouver cette montre. : I think I'll just have to resign myself to never finding that watch.
5/ Ne perds pas espoir* : Don't lose hope.
6/ (m) magasin de brocante : antique shop
7/ Qu'est-ce que c'est que cette histoire de montre ? : What's that about a watch?
8/ a fait cadeau de : gave as a gift
9/ Je reviens tout de suite. : I'll be right back.
10/ qui va nous en boucher un coin* : that's going to leave us speechless

2/ Kimberly et Marcel sont intrigués par l'**enthousiasme soudain**[1] de Mamie Audrey. Peu de temps après, elle revient avec un petit sac en cuir et le pose sur la table devant Kimberly. Kimberly **appréhende de découvrir**[2] ce que ce sac peut contenir. Ses mains tremblent.

MAMIE AUDREY : Allez-y, **n'ayez pas peur**[3].

Kimberly touche le sac **du bout des doigts**[4] et regarde Marcel. Il l'encourage en hochant la tête. Elle **desserre**[5] les **minces cordons**[6] et ouvre le sac afin d'en inspecter le contenu.

KIMBERLY : Oh mon Dieu ! **Je n'arrive pas à y croire**[7].

Elle sort une montre Lord Elgin, et en la retournant, elle reconnaît tout de suite les initiales « G.H.S » qui sont **gravées sur le boîtier**[8]. **Ses yeux se remplissent de larmes**[9].

MAMIE AUDREY : Elle appartenait à un autre GI que mon père a sauvé. Je l'ai reconnue tout de suite.

Tout en détaillant[10] la montre, Kimberly est submergée par l'émotion. Elle se lève et embrasse Mamie Audrey. Elle va ensuite se réfugier dans les bras de Marcel qui est aussi très ému.

3/ MARCEL : **C'est digne d'un conte des Mille et Une Nuits[1].**

MAMIE AUDREY : Oui, quelle histoire extraordinaire ! Cette montre vous attendait depuis longtemps.

KIMBERLY : Oui, je suis tellement heureuse de l'avoir trouvée. Le plus important, c'est que je rencontre finalement la famille qui a sauvé la vie de mon ancêtre. **C'est incroyable[2]** !

MAMIE AUDREY : Tu sais, la France et les États-Unis sont deux grands pays avec des liens historiques solides. Nos destins sont associés depuis toujours. Nous vous avons aidé pendant votre révolution, et vous avez fait la même chose à deux reprises, pendant la première mondiale et la deuxième aussi.

MARCEL : **De temps en temps[3]**, il faut croire au **destin[4]**.

KIMBERLY : Oui, c'est vrai. J'ai toujours su que la France avait une place dans mon cœur. Et j'avais raison.

MAMIE AUDREY : Et moi, **je suis persuadée que[5]** vos arrière-grands-pères sont heureux de vous voir ensemble. Vous savez, votre rencontre **n'est pas seulement due au hasard[6]**. **Ces hommes exemplaires y sont sûrement pour quelque chose[7]**. **Portons un toast[8*]** à leur mémoire et à leur courage. **Nous leur devons[9]** notre liberté. Alors, **soyez heureux[10]**, mes enfants.

1/ C'est digne d'un conte des Mille et Une Nuits. : This is a story worthy of One Thousand and One Arabian Nights.
2/ C'est incroyable ! : It's unbelievable!
3/ de temps en temps : from time to time
4/ (m) destin : destiny
5/ je suis persuadée que : I'm sure that
6/ n'est pas seulement due au hasard : did not happen merely by chance
7/ Ils y sont sûrement pour quelque chose. : They must have played a part in it.
8/ portons un toast : let's raise a toast*
9/ nous leur devons : we owe them
10/ soyez heureux : be happy

FIN

Printed in Great Britain
by Amazon